增长的奇迹

张　涛◎著

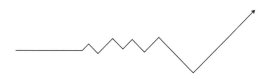

ZHEJIANG UNIVERSITY PRESS
浙江大学出版社

图书在版编目（CIP）数据

增长的奇迹 / 张涛著. -- 杭州：浙江大学出版社，
2020.5
ISBN 978-7-308-19886-8

Ⅰ.①增… Ⅱ.①张… Ⅲ.①中国经济－经济统计－
统计分析－图表 Ⅳ.①F222.1-64

中国版本图书馆CIP数据核字（2019）第297858号

增长的奇迹

张 涛 著

策　　划	杭州蓝狮子文化创意股份有限公司	
责任编辑	曲　静	
责任校对	高仕吟	
出版发行	浙江大学出版社	
	（杭州天目山路148号　邮政编码：310007）	
	（网址：http://www.zjupress.com）	
排　　版	浙江时代出版服务有限公司	
印　　刷	杭州钱江彩色印务有限公司	
开　　本	880mm×1230mm　1/32	
印　　张	7.25	
字　　数	149千	
版 印 次	2020年5月第1版　2020年5月第1次印刷	
书　　号	ISBN 978-7-308-19886-8	
定　　价	58.00元	

浙江大学出版社市场运营中心联系方式：（0571）88925591；http://zjdxcbs.tmall.com

序言

在人类历史的长河中，经济增长仅仅是 18 世纪末英国工业革命后才出现的现象，伴随 19 世纪工业化进程在欧洲及北美的推广，经济增长开始加速。然而，该进程在 20 世纪三四十年代曾一度出现严重的中断和倒退，之后伴随二战后经济重建，全球经济恢复增长，并进一步拓展和加速。20 世纪 80 年代中国启动了现代人类经济史上涉及人口最多和地域最广的市场化改革进程，为全球经济提供了强劲持续的增长动力。经济增长的加速必然带来社会组织的紧密和联系的密集，加之交通、通信及互联网等技术手段的创新和进步，全球经济的开放度得到了持续提升，一体化程度也得以显著增强。2001 年中国加入 WTO（世界贸易组织）之后，中国产能与全球市场的融合进一步加深，更是助力经济全球化释放出巨大的动能。

可以说，在最近的这次全球经济加速增长和全球化浪潮中，中国由一个边缘性质的参与者逐渐贴近全球经济和金融体系的中心，由前期的"价格的接受方"，逐渐具有了全局性的影响力。迄今为止，这一变化还在进行中。

工业革命后的另一个显著变化是，伴随经济增长的间歇式扩张，经济运行的周期性波动特征更为明显，金融和经济危机发生频率也显著提升，尤其是金融与实体经济时有脱节，并且成为触发危机的主因之一。具体而言，工业革命后，生产规模具备了快速扩张的能力，相应经济运行体系对货币的需求转由生产驱动，交易、贮藏、支付和清算等均构成了货币需求的主体。为了满足快速增长的经济活动的需求，银行的货币创造逐渐成为最主要的货币投放方式，但由此也带来了新的问题。

在银行创造信用货币的现代货币制度下，银行具有了货币创造权，在向社会提供作为公共品货币的同时，作为企业的银行还以此赢利。由此，银行创造的货币越多，其盈利也就越多，因而银行自然就有过度创造货币的倾向，这与其提供公众品的职能产生了天然的矛盾，此内在矛盾导致了银行信用货币体系内生的金融风险。加之与宏观经济中的其他部门天然有预算约束不同，银行没有预算约束，若不对其进行额外制约，那么潜在金融风险就很容易显化成金融危机，甚至是经济危机。

对银行施加外部约束，防范金融风险，正是现代中央银行体系和金融监管体系的使命。然而，2008 年全球金融危机暴露出传统审慎监管思路的局限，尤其是在现代金融体系下，银行资产扩张虽然面临风险管理的内部约束，以及利率、流动性和资本等外部约束，但其中的利率、流动性的制约只是一种宏观的、间接的制约，并不能对微观个体进行有效制约，这就需要资本约束的强化。而由于银行承担了提供货币公共品的功能，具有系统重要性，过高的资本约束将制约其商业上的可持续性，进而影响其提供货币公共品，所以通常的做法是在银行保持一定商业可持续资本水平的同时，政府还需为其提供隐形担保和潜在补贴。但是这样一来，资本约束就被大幅弱化，银行就有过度扩张的道德风险，从而导致金融危机的自我实现。究竟该如何化解此两难，包括中国在内的各国至今仍在探索之中。

目前，全球经济尚处于弱复苏和再平衡之中，不确定、不稳定因素有增无减，各国也都在进行不同程度的结构性调整。由于中国已具有全局性影响力，在全球总需求的再平衡过程中，外界对中国承担更多全球责任的诉求也与日俱增。然而，中国尚处在由中等收入国家向高收入国家的进阶阶段，依然需要更多专注于国内问题，做好自己的事。如何平衡外界诉求与自身发展的关系，成为中国进一步深化改革开放的重要内容。

二战后，在全球持续增长的过程中，包括中国在内的不少新兴市场国家均经历了一段时期的高速增长。这些国家虽有各自的特点，但仍有关键的共同要件促成它们实现高速增长，这些要件包括了充分利用全球化，内部宏观经济稳定，负责任、可信且有能力的政府，主要依靠市场来配置资源，保持了高储蓄率、高投资率等。2008 年全球金融危机后，这些要件或多或少都已发生了变化。

另外，危机前经济学家们通常采用技术、资本和人力的三元方程去解释经济增长，但这些要素只是揭示了增长的表面原因，增长的深层次动力则是源自科技、金融、贸易及政府的能力等诸多因素的综合作用。然而全球金融危机以来，正是这些深层次动力因素的缺失，造成了全球劳动生产率下降趋势至今也未被扭转。在全球增长新内生动力因素迟迟不能确立的大背景下，民粹主义、保护主义、单边主义重新抬头在所难免，局部地缘政治风险也有加剧的可能，去全球化倾向则对全球经济和贸易格局产生了重大影响，全球范围内债务率高企及收入分配也未得到改善，这些问题和矛盾均表明"世界处于百年未有之大变局"，相应也意味着中国未来发展环境的复杂性。

目前，中国经济已由高速增长阶段转向高质量发展阶段，正处在转变发展方式、优化经济结构、转换增长动力的攻关期，而且中国的结构转型已经嵌入全球经济的再平衡之中。因而，对中国经济运行和制度变迁的理解和把握，成为观察全球经济运行状况的重要内容。尤其是在制度优势下，中国更能充分调动自身的后发优势来推动全球劳动生产率的尽快回升，这一点对于至今仍在找寻新动力的全球经济而言，至关重要。

我十分高兴地看到，针对上述变化，张涛博士在本书中分别从宏观经济的运行、微观主体福利的增减、货币与财政政策的变化、金融领域的发展等不同维度，对中国经济进行了深入分析。尤其是本书用"一图一事"的形式和通俗易懂的语言对近年来中国经济的热点问题进行了刻画，颇具新意，不仅为理解中国经济运行内涵提供了参考，也为经济分析方法提供了新视角，同时对于当前的实践也有启发。

当然，由于观察问题视角的差异，经济分析难免有争议。张涛博士在本书中的观点我并非全部赞同，尤其他的一些分析还需做更加充分的讨论。例如，对银行我们需要采用资产负债表的方法来分析，而对居民、企业和政府则更多要采用收入支出表的方法来分析，只有这样才能正确刻画动态的货币及经济运行机制。但这并不妨碍我向大家推荐本书。

通过本书，若能吸引和推动大家一起去深入思考中国经济运行中诸多待解之谜，我想这一定是件具有重大意义和充满乐趣的事。

孙国峰

2019 年 9 月 29 日

前言

　　说起本书的缘起，其实是我打发闲暇时光的一个小游戏——漫无目地选取几个经济指标，再把它们的走势随意拉出几条数据线，看会不会有惊喜的发现，若有，也会偶尔分享给朋友。一次偶然的机会，澎湃新闻的单雪菱老师邀我以此开设专栏，遂自 2015 年 11 月 10 日起，以笔名"简容"不定期为澎湃撰写专栏文章，并特意为专栏起了个"经济痕迹"的名字。就这样断断续续写画了 3 年，累计了 72 幅"经济痕迹"，直至 2018 年 9 月 18 日暂时搁笔。

　　由于"经济痕迹"最初是漫无目的，信马由缰，想到哪儿就写到哪儿，虽自由，但不免散漫，总觉得对不住读者，于是就有了给"痕迹"加条"缰绳"的想法。而之前曾经答应给闺女写一本经济分析工具手册，因此就有了些许侧重。因为是朝着工具手册方向去的，所以每篇"痕迹"只尽力做好对经济运行事实的准确描述和刻画，而尽量不去做价值判断，因而风格也就更像小品画。

　　当蓝狮子建议把"经济痕迹"汇集成册时，最初我心中一直忐忑，未敢贸然应允。因为要把一幅幅小品画重新组合成一幅山水画，必然又将是一个"系统工程"，需要"再造"一番。但在征求雪菱意见之后，还是决心再为难自己一回。

　　在从 72 幅"经济痕迹"中选定 50 幅后，本书主线最终确定为"中国经济运行分析"，即从要素投入情况、要素结合情况、要素结合机制以及产出结果四个方面入手，分析中国经济的运行情况。主线清晰之后，本书依次按照宏观经济运行、微观经济感受、经济突出矛盾和经济政策四个方面，进行谋篇布局，即本书的五章。

为了更好地展现我分析中国经济的逻辑，本书对原专栏文章的数据均做了更新。而实际上，数据更新也是我当初忐忑的重要原因。庆幸的是，数据更新之后，原来的分析框架和思路不仅没有被新数据打翻，反而在某种程度上得到证实，否则"经济痕迹"必将夭折。当然，此孤芳自赏之情究竟如何，还有待读者评判，而文责一定是自负的。

为了便于读者更容易聚焦本书罗列的话题，我给每章增加了导读。这样读者既可以通篇阅读，也可以就感兴趣的话题任选一节选读。因为从经济学分析角度，"浪费"是相当糟糕的资源配置，而浪费别人的时间则是众多糟糕中的最糟糕。

最后用一句话总结本书：因为经历了，所以有了痕迹，如果记录下来，且还能动人，善莫大焉。

定稿于 2019 年 8 月 6 日

致　谢

感谢这个时代，让我有幸见证了许多能理解，更多是不容易理解的"经济痕迹"，对于一名经济分析爱好者而言，这是可遇不可求的幸运。因为从已知向未知的探秘，带来的喜悦永远是十足的；如果更幸运一点，能时不时豁然开朗，遇见斗沙片刻之美好，那么欣喜之情早已若狂。

感谢雪菱，若没有她的鼓励、包容、耐心、爽直和容不得丝毫马虎的认真，"经济痕迹"早已半途而废。曾与雪菱戏言："每篇痕迹都是过她法眼，经她雕琢的"，虽为戏言，但是实情。

感谢孙国峰司长欣然应允为本书撰写序言和对本书的推荐，而先生的期许，对我无疑是莫大的鼓励。

感谢郭强、思远、珊珊等诸位同事，"经济痕迹"最初多是自说自话，但每每分享痕迹初稿，总能得到他们毫无保留的中肯意见，而在数据收集、逻辑推演等方面，他们更是给了我莫大的帮助。

感谢人民网的贺霞、澎湃的张俊和郑景昕、财新的杨哲宇和张帆等诸位良师益友，他们一如既往的信任和厚爱于我而言，始终是莫大的支持。

感谢蓝狮子的再次垂爱，本书的面市与李姗姗、钱晓曦两位老师的高效率和责任心密不可分。

目 录

第一章

经济的函数

本章导读

首先，从经济增速的变化而言，2012 年无疑是中国经济的拐点年——当年经济增速跌破 8%，之后连续 7 年下滑，到 2018 年年末已降至 6.4%。加之 2019 年《政府工作报告》亦将经济增长预期的下限调降至 6% 的历史低值，中国经济正在经历改革开放以来最长的筑底期。

其次，在数据变化的背后，实际上 2012 年前后中国经济增长内涵已出现根本性变化，当然这种变化在 2008 年全球金融危机爆发初期就已露苗头，且不断加速。

此次全球金融危机前，充沛的劳动力供给、偏松的非劳动力要素约束条件、高涨的贸易全球化等诸多红利因素集中释放，加之以市场化改革为主线的经济运行机制调整（对内改革与对外开放），中国经济运行中所需各要素的有机结合程度不断提高，促使中国经济的生产函数在要素投入规模不断扩张之下，实现了 30 年的高速增长。1978—2007 年，中国经济平均增速为 10%，同期中国对世界经济的贡献率由不足 3% 跃升至 22% 以上。

2008 年，全球金融危机的爆发在重创全球金融市场的同时，也给全球贸易带来巨大冲击，更加速了中国经济生产函数的红利因素逆转。例如，2010 年中国适龄劳动力人口比重开始触顶回落，2012 年适龄劳动力人口开始出现净减少，截至 2018 年年末已累计净减少近 3000 万。而 2009—2010 年"促进经济平稳较快发展的一揽子计划"[1]的实施，虽然帮助中国率先实现复苏，但客观上也加速了土地、环保等非劳动力要素条件的恶化。在危机的持续催化下，中国经济快速进入增速换挡期和结构调整期，相应产业结构、区域结构、要素结构以及运行机制也随之发生了深刻变化。

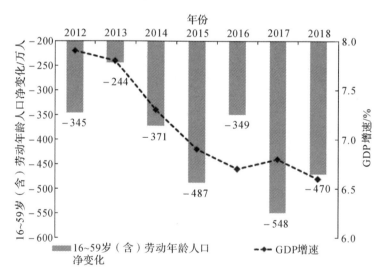

中国劳动力红利的衰减

数据来源：Wind

1　参见 2009 年国务院《政府工作报告》。

由此，诸如"中国经济到哪儿了""中国经济如何筑底"及"未来中国经济去向何方"等一系列问题纷至沓来，而本章就是在尝试回答这些问题。

中国经济到哪儿了？

每个月的 10 日前后，国家统计局都会发布上个月的主要物价数据。例如，2015 年 12 月 9 日，国家统计局按惯例公布了 2015 年 11 月的物价数据，其中 CPI（居民消费价格指数）同比上涨 1.5%，环比无变化；PPI（生产价格指数）同比下降 5.9%，环比下降 0.5%。与此同时，国家统计局还会发布其对物价数据的解读——CPI 已经连续 11 个月低于 2%，PPI 则连续 45 个月负增长，结论很清晰：中国经济没有通胀的压力。

物价数据之所以重要，因为其能让我们了解经济运行不同环节的通胀情况。而价格作为市场供需变化的结果，也是经济运行状态最直观的表象，我们借此可以对经济的变化情况进行实时判断。例如，我们可将消费环节的物价指标 CPI 和生产环节的物价指标 PPI 分别作为横纵坐标轴，对经济运行情况进行划分，即将 CPI 涨幅视作需求端变化，PPI 涨幅视作供给端变化，进而通过供需的变化来观察经济运行现状。

鉴于 2002—2018 年 CPI 均值为 2.7%，PPI 均值为 2%，故将此两个均值确立为横纵坐标的交点，再依据 17 年来两个物价指标的实际值，将经济运行的状态切分为四个区间，从左上方（第二象限）开始逆时针依次为四个象限，分别刻画"高增长、低通胀""高增长、高通胀""低增长、高通胀"和"低增长、低通胀"四种经济形态。

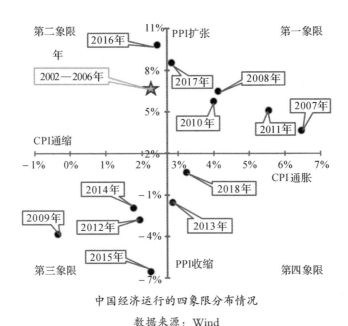

中国经济运行的四象限分布情况

数据来源：Wind

将 2002—2018 年的物价实际数值嵌入四象限分析框架图中，就能对 21 世纪以来中国经济运行的变化情况有一个直观刻画。

首先，2002—2006 年及 2016 年，中国经济稳定地在"第二象限"内运行，即经济呈现出"高增长、低通胀"的状态。这表明产能利用充分，同时又没有通胀压力，相应政府宏观调控的主动作为动力不强，各类微观经济主体面临的政策风险也不高。

接着，2007 年属于典型的经济过热，经济运行至"第一象限"的最右端，面临较大的通胀压力，所以当年宏观调控的重点就是纠正经济过热。这种纠正一直持续到 2008 年全球金融危机爆发。到了 2009 年，经济由"第一象限"右侧急速坠落至"第三象限"

的左下方，经济出现断崖式下跌。之后在"一揽子计划"实施之下，经济才得以稳住，2010 年和 2011 年经济重返"第一象限"。

伴随为期两年的"一揽子计划"结束，2012 年中国经济再次回落至"第三象限"。虽然位置较 2009 年有了大幅改善，但之后经济的降速趋势逐渐成形，其间受 2015 年启动的"三去一降一补"工作推动，2016 年和 2017 年还曾出现"假筑底"，经济连续两年在横轴上方运行。到 2018 年再次降至横轴下方，说明中国经济的"筑底"进程尚未完成。而 2019 年《政府工作报告》将经济增长预期目标下限降至 6%，更表明宏观层对经济增长中枢继续下沉的容忍。

综上，目前中国经济仍在筑底之中，伴随增长中枢的重新确立（即四象限分析框架横纵轴交叉点的坐标值发生变化），必然带来经济运行模式、经济增长和发展内生动力、经济机制等多方面的变化。然而对于政策层面而言，无论是侧重需求侧调整，还是侧重供给侧改革，最终目标均是尽力把经济运行稳定在"第二象限"内，这一点毋庸置疑。

预期与现实的差距

每年宏观层对于经济运行的现状判断和前景预期均是《政府工作报告》的重要内容，并且经过"两会"代表审议通过后，就会贯穿在全年的宏观调控工作中。因此，《政府工作报告》列出的各项经济指标预期目标值，必将会对市场预期产生引导，而宏观调控的各政策部门也均会围绕这些预期目标进行具体的政策安排。

例如，2019 年《政府工作报告》就明确，2019 年 GDP（国内生产总值）实际增速的预期目标值为 6.0% ~ 6.5%，这是 1994 年我国确立社会主义市场经济体制以来，第三次用增长区间来表示经济增长预期目标，之前在 1995 年和 2016 年也曾采用增速区间的方式表示经济增长预期目标，但 6% 的下限值却是迄今的历史最低值。

除了提交"两会"审定通过的 GDP 实际增速预期目标之外，从 2003 年开始，财政部提交"两会"审议的预算报告还会公布当年的赤字规模和赤字率，据此我们就可以推算出 GDP 的名义增速，再由此得出 GDP 平减指数的预期目标。

例如，2019 年《政府工作报告》明确，"今年赤字率拟按 2.8% 安排，比去年预算高 0.2 个百分点；财政赤字 2.76 万亿元"。按照赤字率 = 赤字规模 /GDP 推算，2019 年 GDP 名义值的预期目标为 98.57 万亿元，相应 GDP 名义增速预期目标为 9.52%。进一步参照 6.0% ~ 6.5% 的 GDP 实际增速预期目标值，就能得出 2019 年 GDP 平减指数的预期目标为 3.02% ~ 3.52%。

那么，为何要如此重视 GDP 平减指数？

因为它作为宏观价格水平的观测指标，范围不仅涵盖全部商品和服务，还包括生产资料和资本、进出口商品和劳务等。一般意义而言，如果说 GDP 平减指数增幅很高，往往意味着经济已经过热，反之增幅很低，甚至是负增长，则意味着经济很冷。只不过该指标存在时效性不佳的问题，所以平常大家更多关注的是 CPI、PPI 等公布频率相对较高的物价指标。

2008 年全球金融危机爆发以来，我国经济增长中枢趋势性下降，至今依然处于"筑底"过程中，其间 GDP 平减指数的变化幅度却明显上升。例如，2014 年和 2015 年 GDP 平减指数实际增幅均不及 1%，而当时市场的普遍预期是通缩。再例如，2010 年和 2011 年，GDP 平减指数实际增幅均接近 9%，均超过预期目标 1 倍之多，当时人民银行采取了连续加息和提高法定准备金率的措施，来防止通胀。因此观察 GDP 平减指数预期目标和实际增幅之间的差距，就能很好掌握微观预期和宏观意图的动向。

如下图，我将 2003—2018 年 GDP 平减指数的预期目标和实际值进行比较，发现一个明显的变化。

变化的时间点在 2012 年。2012—2018 年，除了 2016 年和 2017 年"假筑底"之外，按照《政府工作报告》推算出的 GDP 平减指数预期值均高于实际值，说明 2012 年后的经济运行热度

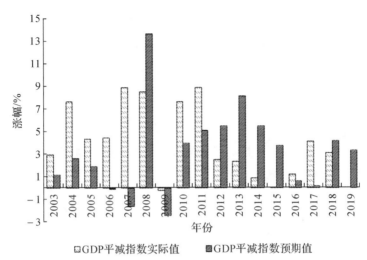

经济增长预期目标与经济增长实际值比较

数据来源：Wind、中国政府网

始终低于宏观预期目标。

　　而在 2012 年之前，除了 2008 年之外，GDP 平减指数预期值均低于实际值，显示在此期间宏观层更多考虑的是不让经济热度上升。最为典型的是 2007 年，为了防止经济热度过高带来的通货膨胀和资产泡沫，当时宏观层的 GDP 平减指数预期值是 −1.6%，而且当年宏观政策确实也采取较为严厉的紧缩政策，例如每月上调一次准备金率，每两个月加息一次。

　　经过上述比较，大体能得出经济运行的三条经验：

　　● 经济指标的预期值实际上反映出宏观层的经济诉求。

● 经济指标的实际值是政策主观和经济客观共同作用的结果。

● 经济指标预期值和实际值之间差距的变化，则反映出宏观层对于经济运行事实及未来走势的接受度和认知度。

2012 年之后，包括从新常态到新时代认知的转变、从高速度到高质量诉求的转换、从重规模到重平衡矛盾的转移等，均能用此三条经验去理解和把握。

民间投资去哪儿了？

2016 年，快速下滑的民间投资无疑是中国经济运行中最突出的问题，当年 5 月民间投资增速曾一度降至 0 附近。为此，国务院紧急组建了 9 个促进民间投资健康发展专项督查组，分赴 18 个省（区、市）开展实地督查（按照 2015 年年底的数据计算，这 18 个省的 GDP 之和占全国的比重为 72%，固定投资占全国的比重为 62%），这是国务院有史以来首次对民间投资开展专项督查。10 天后督察结果显示，制约民间投资的因素主要有四点：政策执行不到位、政府管理服务弱、市场环境建设不足和企业自身管理不强，其中民营经济融资难、融资贵、负担重、成本高的问题尤为突出。随后国务院于 7 月下发了《国务院办公厅关于进一步做好民间投资有关工作的通知》，之后民间投资增速虽有所恢复，但始终未回到 10% 以上。而到了 2018 年下半年，民间投资乏力的矛盾已恶化为民营经济活力的丧失，为此宏观层再次密集出台了一系列政策措施，来激活民营经济活力[1]，但民间投资低速增长的态势依然没有得以根本性扭转。

---

[1]　2018 年 11 月 1 日习近平在京主持召开民营企业座谈会并发表重要讲话，2019 年 2 月中央办公厅、国务院办公厅印发《关于加强金融服务民营企业的若干意见》，2019 年 2 月中央办公厅、国务院办公厅印发《关于促进中小企业健康发展的指导意见》。

中国投资结构变化情况

数据来源：国家统计局、财政部

注：政府投资＝政府支出－政府消费；非民间投资＝总投资－民间投资－政府投资。

为此，就需要从中国投资的结构性变化中探寻民间投资下滑的深层次原因。

观察2005—2018年中国投资的变化情况，有四点变化较为显著：

● 民间投资比重上升（最大升幅为33%），政府直接投资比重上升（最大升幅为6%），非民间投资比重下降（最大降幅为38%），但2012年之后投资结构变化的速度明显放缓。

● 剔除"一揽子计划"实施的非常时期，中国投资的整体增速一直处于下降趋势，全社会投资增速由2005年的26%持续降至 2018 年年末的 6%。

● 2015 年之前，民间投资增速始终高于整体投资增速，但两者的速度差不断收窄，2015 年之后民间投资增速就持续低于整体投资增速。

● 房地产投资波动性显著提升，其增速最高曾接近 40%，最低曾降至 1%。

上述四点变化又可引申出三点值得思考之处：

首先，在本次全球金融危机前，我国民间投资增速就已开始趋势性下降，其间只是被"一揽子计划"暂时阻断，但在房地产投资的拉动下，民间投资的比重持续提升。据相关统计，房地产投资中 70% 以上为民间投资，例如，2016 年国务院促进民间投资专项督查组曾明确指出，当时北京 80% 的民间投资投向了房地产。而从上图的数据变化来看，与房地产投资增速上升期对应，民间投资占比往往快速上升，反之房地产投资增速下降，民间投资占比回落。

众所周知，21 世纪以来我国宏观层对房地产行业出台的调控措施无疑是最多的，2016 年年末召开的中央经济工作会议更是明确了"房子是用来住的，不是用来炒的"的定位。

由此可见，房地产领域面临的政策风险是最大的，但为何民间投资对房地产投资还如此长期青睐呢？

其次，自 2012 年至今，政府投资和非民间投资的占比保持了基本稳定，但同期社会融资规模不断攀升。例如，2012 年的社会融资规模为 15.76 万亿元，2017 年和 2018 年则均接近 20 万亿元，但同期我国的投资增速和经济增速却一路下滑。由此反映出投资效率是每况愈下的，对应着金融空转的问题则日益突出。

那么，为何效率不断下降的投资格局仍能得以延续？

第三，近年来我国金融市场化改革持续快速推进，相应"金融压抑"和"金融管制"的短板得到有效弥补，融资环境理应更舒适，民间投资作为活力最强的微观经济主体，也理应获得较大的改革红利。

但为何民间投资融资难、融资贵的问题却越来越严重呢？

以上三个问题的反思，简单归结为一点就是民间投资趋势性下滑和民营经济活力丧失，这反映出我国在市场化改革红利的共享方面出现了严重的失衡。在经济运行中，有大量的改革红利被寻租，其中政府经济行为的缺位、越位和错位等带来的负外溢性影响尤为严重。

2013 年，伍晓鹰教授曾对中国工业的全生产要素进行了深入研究，他的研究结论是："要解决中国经济的深层问题，尽快实现增长模式的转变，关键还是在于政府能否转变职能，从竞争性的经济活动中退出来。我们需要一个'经济利益中性'的政府，它应该做的就是不断地维护和完善市场经济制度，而不应该试图

以各种理由干预市场运作……试图再用政府干预来解决曾由政府
过度干预所造成的问题，最终只能是问题更加恶化。"[1]

1　伍晓鹰，《测算和解读中国工业的全要素生产率》，《比较》，
2013 年第 6 期。

就业市场的"坑"

国家统计局在每年的国民经济运行情况的公告中，均会发布与人口、就业相关的数据。例如，国家统计局在 2019 年 2 月 28 日发布的《2018 年国民经济和社会发展统计公报》中，发布了三组有关人口和就业的数据：

1. 从年龄构成看，截至 2018 年年末，我国 16～59 周岁（含）的劳动年龄人口为 89729 万人，比上年年末减少 470 万人，占总人口的比重为 64.3%。

2. 从城乡结构看，截至 2018 年年末，我国城镇常住人口为 83137 万人，比上年年末增加 1790 万人，占总人口的比重为 59.58%。

3. 2018 年年末全国就业人员为 77586 万人。

对上述三组数据略做补充后，我发现人口和就业的三个显著变化：

1. 适龄劳动力人口减少。2012—2018 年，我国 16～59 周岁（含）的劳动年龄人口累计净减少已近 3000 万人，即大众认知的"人口红利衰减"。

2. 城镇化进程还处于快速推进状态。2018 年，我国城镇化率的提升幅度依然在 1% 以上（实际为 1.06%）。1996 年至今，我国城镇化率已连续 23 年升幅在 1% 以上，背后反映出的是劳动力在不同产业之间的转移和区域间的流动。

3. 就业市场首次出现负增长的局面。2018 年年末全国就业人数较上年年末净减少 54 万人。在新中国的历史上，只有1959—1961 年，我国就业人数出现过净减少。

鉴于上述变化发生在全球金融危机中，因此需要结合 20 世纪亚洲金融危机，我们才可更全面地掌握危机期间中国就业和经济增长的关系变化情况。

这里需要补充说明的是，由于中国正处在工业化和城镇化的"双化"过程中，非农就业数据比涵盖所有行业的全口径就业数据更有意义（即便是完成工业化和城镇化的发达国家，非农就业数据也是最重要的就业指标）。但鉴于国家统计局尚未发布我国的非农就业数据，所以只能对其进行粗略估算，即用包括三大产

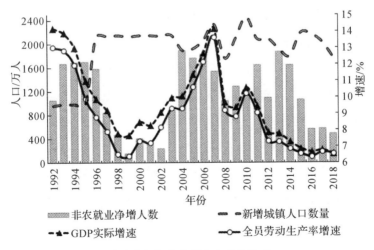

两次危机期间中国非农就业情况

数据来源：国家统计局、作者计算

业在内的全口径就业数据减去第一产业的就业数据[1]。

在亚洲金融危机期间，我国的非农就业年净增人数由危机前的1595万人（1996年）快速下降至1999年的166万人，同期的年新增城镇人口稳定在2100万人左右。因此，当时出现了较为严重的失业问题。按照蔡昉等人的估算，当时中国的失业率已接近8%，相应经济增速和劳动生产率增幅出现了快速下滑。

所以，当时只要想办法把就业市场被危机冲击出的那个"大坑"填起来，劳动生产率就能很快地回升，经济自然也就好起来了。所以1998年之后，中国宏观层实施了以积极财政政策为主的反危机宏观调控措施，2001年又成功加入WTO，之后中国经济出现了连续5年超过10%的增长。2003—2007年，中国经济增速由10%逐年升至14.2%。

然而2008年全球金融危机爆发后，中国的就业和经济增长的关系出现了显著变化。

2014年之前，中国的新增非农就业人数除了在2008年美国次贷危机和2012年欧洲债务危机期间，出现过短暂的小幅下滑之外，其余时间的非农就业人数基本保持在1700万人左右，大体与同期的新增城镇人口规模相当，但劳动生产率增幅和经济增速却一直处于下降趋势中。由此，宏观层对中国经济运行状况的判断也随之变化，经济进入由高速向中高速回落的"新常态"，2015年进一步确立"三去一降一补"的结构性调整重点。

1　此观察得到中国社会科学院人口与劳动经济研究所副所长都阳老师的悉心指导。

　　但2016年之后，中国新增非农就业人数骤降至580万人左右，大幅低于同期的新增城镇人口，尤其是2018年新增非农就业人数进一步降至504万人，而全口径就业人数更是首次出现负增长（-54万人），中国经济再次面临较大的失业压力。但与亚洲金融危机时期相比，可用的政策空间已大不如前。换言之，本次失业问题既有周期性因素，又有结构性因素，相应解决起来也更棘手。鉴于此，中国经济"筑底"任务的实现一定会异常艰巨，过程也必将十分漫长。

中国与全球化何时第三次拥抱？

自 2010 年经济总量超过日本后，中国就一直稳居全球第二大经济体。不可否认，该成绩与中国先后在 20 世纪末和 21 世纪初的全球化红利窗口期密不可分。在这两个窗口期内，中国的出口 /GDP 的比值持续超过全球平均水平。

第一个全球化红利窗口期为 1992—1997 年，从邓小平南方谈话到亚洲金融危机爆发前。1992 年有关姓资姓社的争论刚刚结

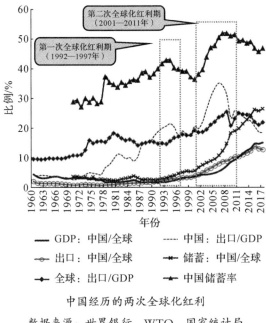

中国经历的两次全球化红利

数据来源：世界银行、WTO、国家统计局

束，我国经济亟须摆脱所谓短缺经济的状态，扩大产能成为首要任务。于是在发展是硬道理的政治背书下，外部资本被引了进来，与国内庞大的土地和劳动力要素相结合，快速形成产能再出口到国外，即两头在外的经济模式。该阶段可以称为"引进来的全球化"，也正是在这一阶段，我国经济增速出现了连续 4 年的两位数增长，1992—1996 年，中国经济平均增速超过 13%。

第二个全球化红利期为 2001—2011 年，即从加入 WTO 到欧债危机前。亚洲金融危机之后，我国首次实施积极的财政政策，通过加大政府支出继续增加产能来保证经济增速。但新问题随之而来：产能怎么消化？ 2001 年的"入世"给出了答案，通过加入 WTO，中国产能和全球市场完成了对接，该阶段可以称为"走出去的全球化"。和第一个红利期一样，中国经济出现连年超过两位数增长的局面。2003—2007 年，中国经济增速由 10% 逐年升至 14.2%。不同的是，这一轮的红利期更长久。

稍做比较，我们发现第一次全球化红利更像热身和准备，该时期中国的出口占全球比重和 GDP 占全球比重基本重合；第二次则是集中释放，中国的出口占全球比重大幅超出 GDP 占全球比重，中国出口占 GDP 的比重也大幅超出全球的平均水平。

做进一步归纳，还可得出下面几个等式。

等式 1：总需求 = 消费需求 + 投资需求 + 净出口需求。即经济增长的三驾马车，其中又有内需（消费需求和投资需求）和外需之分。在上述两个全球化的红利期，中国经济高速增长的背后均有外需的显著拉动。

等式 2：国民收入 = 本国投资 + 本国消费 + 净出口（及变形式：储蓄 = 投资 + 净出口）。即消费需求不足对应着高储蓄，必定促成高投资和贸易顺差；反过来，持续的贸易顺差又会进一步推高储蓄率。在上述全球化红利期，我国储蓄率显著上升，尤其是第二个红利期，中国储蓄占全球的比重超出了出口和 GDP 占全球的比重。

经过两次全球化红利，中国已跃升至全球第二大经济体，同时也启动了以内需为主的结构性调整，但我国的储蓄率至今仍维系在 46% 左右，依然是高储蓄国家，因此单靠内需尚不足以拉动我国经济的马车，至少在成为高收入国家之前，中国还需要新一次全球化红利的释放。第一次拥抱全球化我们靠的是廉价的劳动力和土地，甚至还包括低环境成本、高政策优惠；第二次则是我们有高性价比的产能、高回报的产能控制权和国际市场。

2016 年，中国加入 WTO 满 15 年。按照 2001 年《中国加入 WTO 议定书》规定，中国作为"非市场经济体"，中国企业在遭遇反倾销调查时，不是以中国国内产品价格与出口价格对比，而是选取替代国的产品价格与中国产品出口价对比，来确定倾销幅度。但议定书第 15 条规定，世贸组织成员应于 2016 年 12 月 11 日，即中国入世满 15 年时，终止对中国反倾销的"替代国"做法，即中国应于 2016 年 12 月 11 日自动获得市场经济地位。但至今中国的市场经济地位仍未得到美、欧、日等成员的承认，而 2018 年美国认为中国的"非市场经济做法"让其蒙受了不公平待遇，并以此对中国实施了限制投资、加征关税等贸易保护措施。因此，在未来相当长的一段时期内，中国经济的外部环境将日益严苛，包括从可见的投资、出口到不可见的规则限制，相应中国享受的全球化红利也会加速衰减。

那么，未来我们又该如何再次拥抱新的全球化红利呢？

我想有几点是必需的：符合市场机制的商业环境、有条不紊的开放政策、稳定的政治社会预期以及法治原则下降低交易成本的举措。良禽择木而栖，金融危机过后的全球市场，"良禽"原本就所剩不多，中国除了提高自身在全球贸易和投资中的竞争力，别无选择。

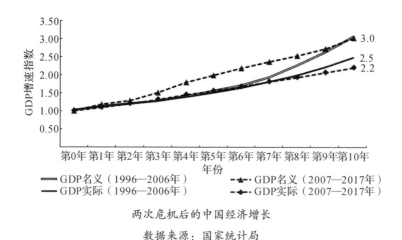

外部危机冲击后，增长怎样继续？

　　1994 年确认市场机制以来，中国经济先后经历了两次大的外部危机冲击：一次是 1997 年亚洲金融危机，一次是 2008 年全球金融危机。第二次危机至今也十余年了，从数据统计的时间长度而言，已经初步具备了对危机应对做小结的条件，尤其是比较两次危机后中国经济运行的状态，更具现实意义。

　　为了方便比较，我对危机前后 GDP 的名义增速和实际增速进行了指数化处理。将 1996 年和 2007 年的 GDP 分别设为基数 1.00，1996 年和 2007 年分别设为第 0 年，然后对危机后 10 年的 GDP 数据进行相应的换算，见下图。

两次危机后的中国经济增长

数据来源：国家统计局

　　通过比较发现，两次危机仅有一点是相同的，即按照现价统计，中国 GDP 的规模均在危机 10 年后，扩张了 2 倍。除此之外，中国经济运行在两次危机中有很多差异。

亚洲金融危机后，我国名义 GDP 和实际 GDP 的增长轨迹基本是重合的，2004 年起（即危机后的第 8 年）才逐渐分离。当时，经济运行中的价格因素已发生明显变化，2004 年我国 GDP 平减指数为 7.7%，CPI 增幅为 3.9%，PPI 增幅为 6.1%。换言之，经济已经从危机中恢复，走势上趋向繁荣。

2008 年全球金融危机后，我国名义 GDP 和实际 GDP 仅重合了 2 年，2010 年起就出现了明显分离。并且，实际 GDP 的增长轨迹始终低于 1997 年后的水平。而价格因素除了在 2010 年和 2011 年出现小幅跳升之外，并没有明显的持续上升，PPI 甚至还出现了连续 5 年的负增长。换言之，仅仅依靠表面上的价格因素，已无法解释本轮危机以来名义 GDP 和实际 GDP 的增速之差。

那么，究竟是什么造成了危机后我国经济增长轨迹的差异？我依照 GDP 生产法（即构成 GDP 的产业结构）做了一个大致观察，发现两次危机后，驱动我国经济发展的因素明显不同。

1997 年危机后，驱动我国经济增长的主要是第二产业中的工业和第三产业中的房地产、餐饮和交通运输，其中增长最快的是房地产，增速是 GDP 增速的 1.3 倍；本轮危机后，我们则主要靠第三产业中的金融业、房地产和第二产业中的建筑业，其中增长最快的是金融业，增速是 GDP 增速的 1.5 倍。

通过上述比较，我们可以得出一个基本判断：我国近 10 年的经济增长（2007—2017 年），是建立在大量金融活动之上的。

而如果金融活动的增加，不能通过资金配置效率和财富效应，最终渗透到分配领域和生产消费领域的话，那么这个增长就只能是"名义"的，而非"实际"的。这也是近 10 年来，我国 GDP 的名义增长和实际增长持续分化的根源所在。

事实上，我们也看到了，2008 年以来，作为总量工具的货币政策被大范围使用，这如果还不是滥用的话，以致有关各方进退维谷——一方面使得有关各方对"金融空转""脱实向虚"的忧虑渐深，另一方面又不能一下子放弃对 GDP 名义增长的追求。

可见，对于中国经济而言，本次全球金融危机之后，增长该如何继续，依然是一个重要问题。

经济筑底的必要条件

自 2013 年第三季度起，人民银行在每个季度的《货币政策执行报告》里都会强调，货币政策要"为经济结构调整与转型升级营造中性适度的货币金融环境"。那么，如何对货币金融环境的适宜度进行实时评估，进而安排相应的货币政策措施呢？

一种办法是通过观察经济增速、通胀率、就业率及国际收支状况等经济指标来判断，但这种办法受制于经济数据过于滞后的制约。尤其是在经济加速下行期，这一缺陷就更加突出，难以为政策提供及时有效的信息。

由此，我们就需要找到一个能克服上述缺陷的方法，来观察中国的货币金融环境。

事实上，加拿大、新西兰等国的央行为了"先发制人"地调控经济，已经引入货币条件指数，以此作为观测货币金融环境松紧程度的依据。在我国，人民银行虽未正式引入货币条件指数，但其在 2015 年第一季度的《货币政策执行报告》中提出"综合使用多种工具调节好整体货币条件"，表明货币条件指数已实质性进入宏观当局视野之中。

货币条件指数是指通过利率和汇率的变化情况，来考察货币政策的松紧程度，进而判断货币金融环境是否适宜的一种思路。由于利率和汇率的变化是可以随时观察得到的，也就能及时掌握货币金融环境变化的实况，进而为政策的前瞻性操作提供依据。

不过此方法使用的前提条件是价格机制的市场化，显然在人民币的汇率和利率受管制的时期，这个观测方法是不适用的。而伴随利率市场化改革和汇率市场化形成机制的基本完成，人民银行已经基本能够依靠市场化手段来进行宏观调控，相应构建中国的货币条件指数也具有了现实意义。

当然，货币条件指数仅仅反映货币金融环境的变化，本身并不能判断造成变化的冲击源来自何方。所以，就我国目前的状况而言，货币条件指数还不能成为货币政策的操作目标，但不影响其成为重要的观察指标。

参照其他国家货币条件指数的构成，我们可以构建出中国的货币条件指数：货币条件指数 = 利率变化率 × 利率的权重 + 汇率变化率 × 汇率的权重。

其中，利率指标选取了货币市场的短期利率和国债利率，汇率采用的是人民币的有效汇率。货币条件指数为零，表示货币金融环境为中性，既不松也不紧；货币条件指数小于 0，表示货币金融环境趋于宽松；货币条件指数大于 0，表示货币金融环境趋于收紧。

2002 年以来，中国的货币条件指数和经济增速间的关系大致存在这样一条经验规律：当货币条件指数小于 0，随后一年的经济都会明显提速。例如 2003 年、2004 年、2009 年和 2016 年，货币条件指数均小于 0，相应的，2004 年、2005 年、2010 年和 2017 年的 GDP 均加速增长。当货币条件指数持续大于 0，随后的经济增速则持续回落，尤其是 2008 年危机后此变化更加明显。

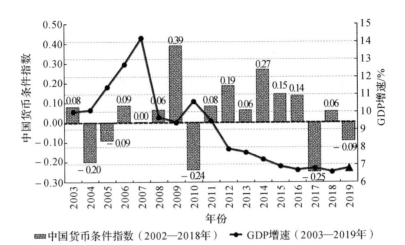

中国货币金融环境与经济增长

数据来源：国家统计局、中国人民银行

注：2019 年 GDP 增速为预测值。

这里需要再次补充说明，货币条件指数收紧并不是经济下行的原因，它只是对货币金融环境的客观描述。宏观当局如果想要调整货币金融环境，单纯依靠调节利率和汇率是远远不够的。不过，宽松的货币金融环境虽不是经济提速的充分条件，但却是必要条件，如果经济筑底回升是宏观当局想要的，那么货币政策金融环境就不宜收紧。在 2017 年金融监管持续加强下，货币条件指数不断收紧，中国经济增速在 2018 年又一次降至 6.5% 以下，则佐证了这一经验规律。

由此，按照此经验规律，我们可以预计 2019 年的经济增速应该较 2018 年有所提升，因为 2018 年的货币条件指数已经由

2017 年的 0.06 降至 −0.09，表明 2019 年的货币金融环境要比
2018 年宽松一些，而宽松的货币金融环境往往意味着劳动力、
技术等生产要素更容易和资金要素结合，由此带来经济产出的
增加。

中国的"刘易斯拐点"

对于中国经济多年的高增长以及 2012 年之后的减速，有众多解释和分析，其中一个视角就是从人口红利窗口期来解释，即伴随人口红利的集中释放，中国经济具备了高增长的重要条件，同理 2010 年以来中国经济的减速也有人口红利式微的因素，即中国经济正在经历刘易斯拐点。按照国家统计局公布的数据，2012 年起，我国 15 ~ 59 岁（含）劳动年龄人口开始出现净减少，截至 2018 年年末已累计净减少近 3000 万人；而按照世界银行口径的统计，中国适龄劳动力人口（15 ~ 64 岁）的比重也由 2010 年的 73.27% 开始趋势性下降，截至 2018 年年末已降至71.20%，平均每年降幅 0.23%。此两组数据反映出中国的适龄劳动力人口比重已开始趋势性下降，相应人口红利窗口期也正在关闭。

人口红利是指一个国家的劳动年龄人口占总人口比重较大，抚养率比较低，为经济发展创造了有利的人口条件，整个国家的经济呈高储蓄、高投资和高增长的局面。即由于劳动力充裕，劳动力便宜，而且工资增长压力不大，相应雇用劳动力的投资回报率可观。

而按照美国发展经济学家刘易斯提出的刘易斯拐点理论，经济发展过程本身就是现代工业部门相对传统农业部门的扩张过程，这一扩张将一直持续到把沉积在传统农业部门中的剩余劳动力全部转移干净，出现一个城乡一体化的劳动力市场为止。日本、韩国等经济体的实际发展轨迹都为该理论提供了实证。

根据刘易斯的理论，如果将中国经济增速变化和适龄劳动力人口比重变化放到一起，应该出现一个"倒 V"形曲线，即在适龄劳动力人口比重不断上升阶段，经济增速应该是不断加快的；而在适龄劳动力人口比重开始趋势性下降阶段，经济增速也应随之下降。但中国的实际情况并非如此，见下图。

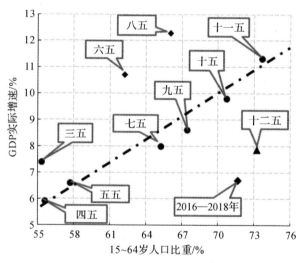

人口红利下的中国经济增长

数据来源：国家统计局

目前，中国经济时处"十三五规划期"（2016—2020 年）内，观察已经历的前 10 个五年计划（"十一五"开始改为"规划"），中国适龄劳动力人口比重由"三五"（1966—1970 年）

期间均值的 55% 提升至"十二五"（2011—2015 年）期间均值的 73%，经济也是不断提速。

除了"三五"（"文革"影响巨大），从"五五"至"十二五"，有四个数据点是远离趋势线的，"六五"和"八五"的数据点在趋势线上方，"十二五"和"十三五"的 2016—2018 年的数据点突然掉到了趋势线下方。

这四个奇异点的存在，让刘易斯拐点对中国经济的解释出现了瑕疵：

问题 1：是什么导致了"六五"和"八五"的数据点在趋势线上方呢？

"六五"（1981—1985 年）主要是内部改革的制度性红利；"八五"（1991—1995 年）则得益于邓小平南方谈话后中国对外开放力度的显著增强，实际上也是制度性红利。也就是说，制度性红利确实能够带来经济超越趋势的增长。

问题 2：既然人口红利不能完全解释"六五"和"八五"对趋势线的"异常超出"，那么它能解释 2012 年以来的"异常偏离"吗？

虽然中国的适龄劳动力人口是在减少，但人口红利的衰减不是一夜之间的事，而且从数据来看，"十二五"之后的适龄劳动力人口比重要高于"十五"，但为何经济的平均增速却出现超过两个百分点的突然下降呢？（"十五"经济平均增速为 9%，"十二五"经济平均增速为 7.5%，2016—2018 年经济平均增速为 6.7%。）

因此，人口红利作为一种增长要件，确实为中国经济的高速增长提供了条件，但中国的实践表明人口红利的调动离不开制度性红利，而 2012 年中国经济出现拐点之后，新制度性红利的缺失才是中国经济趋势性降速的主因。

在"L"的底部

自 2012 年出现拐点以来，中国经济就基本呈 L 形运行[1]。背后原因有很多，除了 2008 年全球金融危机的冲击，还有就是既有的发展模式遇到瓶颈，再次面临制度能否顺利变迁的考验。

正如前文所言，中国经济增长最重要的推动因素就是制度变迁。2001 年中国加入 WTO，也属于制度变迁，表现为外部制度要件的引入。

中国经济在每一次制度变迁后，均会迎来一轮高速增长。改革开放后，中国经济日新月异，自不必赘述。1992 年邓小平南方谈话后，中国经济在制度红利的支撑下，劳动力、资本、土地等生产要素组合优化，1992—1996 年中国经济平均增速高达 12.4%，GDP 由 2 万亿元激增至 7 万亿元以上。随后亚洲金融危机、互联网泡沫破裂、"9·11"接踵而至，中国经济出现了 6 年增速低于历史均值的低迷（1997—2002 年）。之后在"入世"效应的带动下，内部产能与外部市场实现了深度对接，2003—2007 年，中国经济平均增速再度高达 11.7%，GDP 则由 12 万亿元增至 27 万亿元以上。

1　2016 年 5 月 9 日《人民日报》头版署名专访稿件，《开局首季问大势——权威人士谈当前中国经济》，文章综合判断，我国经济运行不可能是 U 形，更不可能是 V 形，而是 L 形的走势。这个 L 形是一个阶段，不是一两年能过去的。

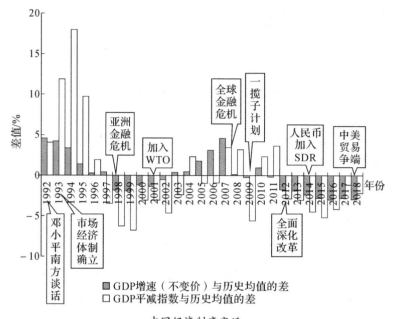

中国经济制度变迁

数据来源：国家统计局

注：历史均值时间范围为 1992—2018 年，GDP 增速均值为 9.6%，GDP 平减指数均值为 5.3%。

《礼记·大学》有句话："苟日新，日日新，又日新。"可以用来描述这几十年的中国经济。制度变迁，在任何一个国家都不是件容易的事，涉及利益分配的方方面面，改革往往旷日持久，却见效甚微。而中国经济短短几十年，竟经历数次"大考"而得以通关前行，不得不说是有更深层次的制度优势。

然而，越是到后面，通关的难度越大。好比本轮经济下行，从外部环境而言，是第二次世界大战以来最差的时刻，2008 年全球金融危机后，各主要经济体均未恢复元气；从内部发展而言，主要矛盾已经由总量矛盾转为结构性矛盾。可以借力的正向要素尚不明朗。

在这种情况下寻求制度变迁，无疑不能一蹴而就。事实上，早在2013年11月，十八届三中全会就明确要深化经济体制改革，"使市场在资源配置中起决定性作用"。随后，人民币加入SDR（特别提款权）、利率市场化等改革快速推进，中国金融市场加速与外部对接。

然而，2013年至今，本轮制度变迁的红利迟迟不见释放，2018年我国GDP增速更降至6.4%。因此市场上出现一些"反思"乃至"反悔"的声音，比如就有人质疑我们的金融市场化改革走得太快了，结果适得其反。对此，宏观层固然会兼听则明，但逆水行舟，决策的定力更是不可或缺。一个领域走得快，其他领域（如土地流转、国企改革）跟进就是，不表示非得从现有的位置上退回来。

上一次，我们用了6年去等待制度红利的释放，这一次时间可能会更长。正如权威人士所说，也恰如上图所示，L是一个阶段，不是一两年就能过去的，但（经济增速）一旦回升，就会持续上行并接连实现几年高增长。

中国的生产函数

第二次世界大战之后，除了苏联，只有三个国家经济体量占全球的比重超过 10%，美国经济的占比至今保持在 24%，另外两个国家分别是日本和中国。但日本占全球的比重在 1995 年达到峰值 18% 后，逐渐陷入"失落"，截至 2018 年年末已降至 6% 左右。相应中国经济占全球的比重则由 2000 年的 4% 一路升至 2018 年的 16%。

客观而言，过去 60 余年间，全球经济之所以持续增长，除了美国经济持续增长的稳定器之外，另外一个重要原因，就是日本经济的失落被中国经济的增长所承接。换言之，全球经济正是先后在"美国 + 日本"和"美国 + 中国"两个组合的推动下，才得以保持多年增长的不中断。

在与美国组合的过程中，中日两国有一个共同之处——均成功把握住了人口红利窗口期提供的增长条件，辅之以内部改革和外部全球化浪潮的推动，实现了经济的腾飞。然而，印度经验却表明，即便有了人口红利，也未见得就必然能够成就经济奇迹。1998 年印度人口总量超过 10 亿人，同时 15 ~ 64 岁的适龄劳动力人口比重超过 60%，并且至今两者均保持稳定增长。截至 2018 年印度人口总量为 13.53 亿人，适龄劳动力人口比重升至 66.43%，但其经济占全球比重仅由 1.3% 升至 3.3%，人均 GDP 也仅由 413 美元升至 2016 美元。

因此，中国经济在获得人口红利东风之后，实现奇迹增长的奥秘究竟为何，就值得认真推敲。

在此，我借用了柯布—道格拉斯生产函数的思路，简单说就是将经济产出用资本投入和劳动力投入来解释。

具体到中国的生产函数，公式大体是：经济多年高速增长＝劳动力和其他要素的投入＋劳动力和其他要素的有机结合。

首先，自中国确立了市场经济机制之后，各类生产要素开始在市场机制下进行有机结合，尤其是时处人口红利期的劳动力和其他生产要素的结合，我把这个过程称作市场化进程，结果是中国经济出现多年的高速增长。

其次，在市场化过程中，经济增长的基础之一就是劳动力和其他要素投入规模持续增加，反映到数据上，就是高投资率下的高增长。

第三，经济增长的基础之二就是劳动力和其他要素的结合方式，即我们常说的经济结构。客观地讲，多年高增长的基础就是能够发挥各要素最大潜力的经济结构，当然要素情况变了，经济结构必然需要实事求是地调整。

第四，除了运行机制、投入规模和结合方式三点之外，还有更重要的一点，就是如何推动和引导上述三点的自然涌现。中国经济的奥秘恰恰就在此，推动和引导因素应该有很多，例如，环保标准不高、招商引资的各项优惠政策、低的劳动力成本等，但有一个因素却一直被经济学界所忽视——实际融资利率的持续下降。

尤其是 2000—2011 年，中国经济占全球比重由 4% 快速升至 10%，中国经济的高速增长实际上被上下两条曲线支撑——不断上升的劳动生产率曲线和不断下降的实际长期利率曲线。

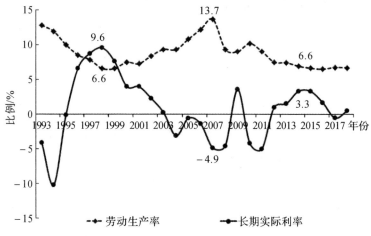

中国劳动生产率和长期实际利率历史走势

数据来源：国家统计局、人民银行

注：1.2002 年之前的长期利率选取的是 5 年以上贷款基准率，2002 年之后选取的是 10 年国债利率；2. 通胀指标选取的是含义更广泛的 GDP 平减指数；3. 劳动生产率按照 1978 年不变价计算。

不断上升的劳动生产率曲线，意味着各生产要素的投入产出效率是不断提高的（持续增加的劳动力和其他要素的投入是有利可图的）；不断下降的长期实际利率曲线（2004—2008 年，长期实际利率持续处于负利率状态），则意味着推动各生产要素结合的成本是不断降低的（劳动力和其他要素更容易结合）；两者叠加的结果自然是一个充满活力的经济体，回报率也是丰厚的。

　　上述换成中国生产函数公式的语言就是：持续增加的劳动力和其他要素的投入 + 持续紧密的劳动力和其他要素的有机结合 = 多年高速增长。

　　本次全球金融危机爆发后，中国生产函数的内容发生了变化——不断下降的劳动生产率曲线和不断上升的实际长期利率曲线，函数的结果变成不断回落的经济增速，这也就合情了。如果此趋势一直延续，并最终交叉（长期实际利率曲线升至劳动生产率曲线上方），那将这个交叉称为"死亡交叉"也不为过，日本就是在出现"死亡交叉"之后，坠入"失落"的。那么从中国生产函数的角度出发，在劳动生产率出现趋势性改善之前，中国的长期实际利率就不具备上升的必要。

中国利率还能特立独行多久？

受本次全球金融危机冲击，各主要经济体的利率均呈现下降趋势，尤其是日本和德国更是在 2014 年之后就进入"负利率时期"。截至 2018 年年末，日本 10 年期以内的各期限国债利率均 <0，德国则 7 年期以内的各期限国债利率均 <0。但中国却"特立独行"，例如本次危机以来，中国 10 年期国债利率最低是在 2016 年 8 月降至 2.49%，同期日本和德国 10 年期国债利率分别为 -0.14% 和 -0.19%。

那么伴随中国经济增长中枢下降趋势的确立，中国利率还能特立独行多久呢？

在经济增长路径上，中日有太多相似的地方——两国文化传统近似，都是高储蓄国家，同样采用过出口导向型战略，等等。更为重要的是，两国的经济起飞均得益于人口红利，在适龄劳动力人口比重的上升阶段，都获得了较快的经济增长。在某种意义上，可以说，中国经济近 40 年走的路，日本都曾走过。

20 世纪 90 年代初，日本 15 ~ 64 岁人口比重达到峰值的 70%，此后持续下降。与此相对应的，是经济增速换挡（由 7% 左右下降到不足 1%），以及"失落的 20 年"。今天的日本，人口老龄化，通货紧缩，即便以负利率刺激，仍不见持续复苏迹象。自 2010 年开始，中国适龄劳动力人口比重呈趋势性下降，享受多年的人口红利窗口期也正在关闭，为此日本经验对于中国的未来更具参考意义。

　　下图将中日人口结构变化和两国 10 年期国债利率放在同一个坐标系中考察。中国 15 ~ 64 岁人口的占比在 2010 年达到峰值，为 74%，对应日本人口红利巅峰的 1990 年。峰值前 10 年（1980—1989 年的日本，2000—2009 年的中国），两国适龄劳动人口的比重持续攀升；峰值后 9 年（1990—1998 年的日本，2010—2018 年的中国），适龄劳动力人口则持续萎缩。

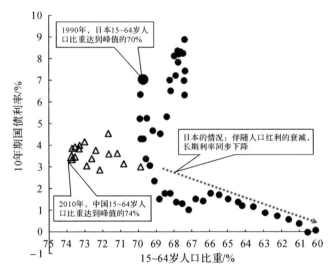

中日两国长期利率走势和人口结构变化

数据来源：世界银行、国家统计局

　　注：中国 2015 年 15 ~ 64 岁人口比重数据来源为《2015 年全国 1% 人口抽样调查主要数据公报》，其余中日人口数据均来自世界银行。

通过比较，可以发现：

1. 中国的人口红利胜过当年的日本。中国人口红利集中释放的时期，适龄劳动力人口比重超过了70%，远远高于日本。

2. 在适龄劳动力人口比重达到峰值的前后几年，日本的长期利率水平高于中国。

3. 两国适龄劳动力比重在接近70%水平时，长期利率均在3%左右。

4. 日本的经验显示，伴随着人口红利的衰减，长期利率处于下降通道之中。

当然，适龄劳动力人口的减少，并不会直接导致经济的衰退，尤其当劳动生产率处于上升通道时。但自2012年开始，中国的劳动生产率就持续下降，这一点与当年的日本极其相似。20世纪80年代，日本的劳动生产率增速处于7%～8%的水平，而到了人口红利衰退的90年代后期，这一数字已大幅降至不足1%。而中国的劳动生产率增速在2011年前保持了10%以上的水平，截至2018年已降至6%附近。

在经济增长的拐点期，当年的日本政府一度摇摆不决，而本次危机后，国内对"失落的日本"的反思也越来越多，其中有一条共识就是，宏观政策摇摆，利率下降速度过慢，会加重随后的通缩病征。如今，类似的情况已经摆在中国面前，日本的前车之鉴也就成为我们必须认真思考的问题，毕竟在经济史的长河中，中国不可能一直例外。

"日本曲线"之鉴

中日经济可比较的地方很多,比较的视角不一样,结论也不一样。从人均 GDP 看,2015 年中国人均 GDP 接近 8000 美元,相当于 20 世纪 70 年代末的日本;从城镇化的角度看,2015 年中国城镇化率为 56.1%,而日本在 60 年前就达到了这一水平;从占世界经济的比重观察,2015 年中国占世界经济比重为 15%,相当于 1987 年的日本。

我倾向于从人口结构的角度,比较中日经济的路径。例如,以 15 ~ 64 岁的劳动力人口比重为例,日本在 1990 年前后达到 70% 的峰值,中国则是在 2010 年前后达到 74% 的峰值,两国"时差"约 20 年。

这样对标,一个直接的好处是消除了两国因国土规模、人口总量等因素造成的"不可比"的噪声。更重要的是,在这一视角下,两国的经济路径呈现出耐人寻味的相似性——以人口红利的峰值为拐点,峰值前,两国经济均高速增长,峰值后,经济增速都换挡下行。

首先设定中心年 t 年,亦即两国适龄劳动人口比重达到峰值的年份;然后进行对标,将中日货币供给和通胀情况进行比较。

中国的 t 年为 2010 年,数据取样范围为 1981—2015 年,时间跨度为 35 年,包括人口结构拐点变化的前 30 年和后 5 年。

日本的 t 年为 1990 年,数据取样范围为 1961—2015 年,时

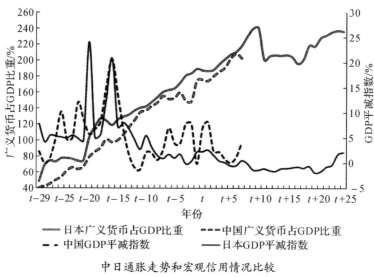

间跨度为 55 年，包括人口结构拐点变化的前 30 年和后 25 年。

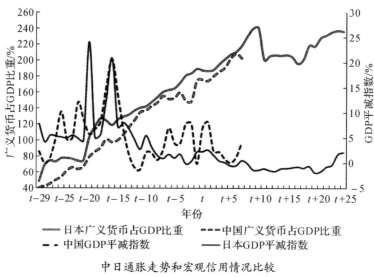

中日通胀走势和宏观信用情况比较

数据来源：世界银行、作者计算

注：横轴为时间坐标，t 年为 15 ~ 64 岁人口比重的峰值年，日本的 t 年为 1990 年，中国的 t 年为 2010 年。

如上图，两国的曲线十分相似：

1. 通胀。在经济高速增长的时期，两国均出现了恶性通胀，且波动剧烈；但随着经济下行，通缩成为主要矛盾。日本从 1995 年（$t+5$）起，连续 19 年物价负增长，直到安倍经济学推出的第二年才得以扭转。同样是在 $t+5$，2015 年中国的 GDP 平减指数（涵盖范围最广的物价指数）降至零附近，由上年的 0.9% 降至 0.1%。

2. 货币供给。两国的货币供给扩张始终保持较快的速度。

1990 年（t 年），日本广义货币占 GDP 比重为 187%，前 30 年提升了近 140%。2010 年（t 年），中国广义货币占 GDP 比重为 178%，前 30 年同样提升了近 140%。

始终扩张的货币供给，并不始终带来通胀问题。事实上，中日经济在 $t-10$ 年之后，通胀的压力逐年减弱，甚至出现了货币供给扩张和通货紧缩并行的"反逻辑"局面。

既然如此相似，那么，问题来了——1990 年后的日本曲线，是不是就是未来中国曲线的线性外推呢？

需知在摆脱通胀的自动约束机制后（即央行在货币供给方面总要时刻警惕通货膨胀的问题），日本央行一直不遗余力地扩张信用——2013 年日本广义货币占 GDP 比重为 248%，较 1990 年提高了 60%，但日本依旧无力走出"流动性陷阱"。1990—2013 年，GDP 平减指数均值为 −0.5%，即日本的货币政策失灵了。

中日除了相似之外，还有差异。

差异 1：宏观信用扩张。

先看日本，以广义货币占 GDP 比重为例。1990 年（t 年）前，日本这一指标的年均升幅为 4.7%（1961—1990 年）；之后，宏观信用不断收缩，1991—1996 年日本广义货币占 GDP 比重的增幅只有 3.9%，到 2013 年更跌至 2.7%。

再看中国。广义货币占 GDP 比重在 2010 年（t 年）前的 30 年里，年均升幅为 4.7%，与日本相同；2011—2015 年，进一步提升至 5.7%。可见，在宏观信用扩张方面，中国并没有像日本那样出现明显的收缩。

差异 2：经济韧性。

以 10 年为间隔，日本在 1961—2015 年的 55 年间，大致经历了高速增长、中速增长和低速增长三个阶段：1961—1970 年，年均增速为 9.3%；1971—1980 年和 1981—1990 年，约 4.5%；1991—2000 年，降至 1.1%；2001—2010 年，降至 0.8%；2011—2015 年，则只有 0.7%。

中国则刚刚完成高速增长阶段——1981—1990 年，平均增速为 9.4%；1991—2000 年和 2001—2010 年，约 10.5%。参考 2020 年较 2010 年翻一番的目标，预计中国经济 2011—2020 年的平均增速仍会在 7% 左右。可见，中国经济的人口红利效应强于同期的日本，经济韧性也好于同期的日本。

但日本在"失落"之前，就已经位列高收入国家（早在 20 世纪 80 年代中后期，日本人均 GDP 已经超过 2 万美元），而中国现在还在为跨越"中等收入陷阱"而努力。假如中国"失落"，我们将滞留在一个较低的层次上。

150 年前，马克思在伦敦写过一段话，"一个国家应该而且可以向其他国家学习。一个社会即使探索到了本身运动的自然规律，它还是既不能跳过也不能用法令取消自然的发展阶段，但是它能缩短和减轻分娩的痛苦"。我们见识过日本经济的辉煌，也看过它的痛苦，那么摆在中国面前的问题，就是如何摆脱"日本曲线"。

怎样摆脱"日本曲线"？

在前文，我从人口结构的视角，观察中日经济运行的轨道及两者的异同。如果把镜头拉远，在可比的时间内，还可以比较观察两国在全球经济中的表现。

对中日经济而言，全球经济图景的重要性远不止于一块背景板。两国都赶上了全球化的好时候，也都采取了出口导向的发展策略，才驶入发展的快车道。反过来，中日的发展，也拉动全球经济向上，催生了"亚洲奇迹"。

要比较中日经济的发展轨道，它们与全球经济的互动不可不察。

"亚洲奇迹"迄今经历了两个阶段，中间有一个10年的停滞。1970年亚洲占全球经济的比重为15.1%，此后一路攀升至1995年的29.7%；接着进入停滞期，2003年占比萎缩至25.6%；2010年后，亚洲经济再度起飞，占比再次超过30%，2015年之后占比已超过35%，截至2017年已升至36.6%。

而1995年和2015年，恰好分别是中日劳动力人口达到峰值后的第5个年头，亦即前文所说的 $t+5$。这样，就可以沿用之前的时间线，对中日在全球经济中的规模占比、货币供给占比以及银行提供的国内信用占比的变化进行比较。

规模占比，不用多说，就是考察两国在全球经济中的分量。

货币占比，是要看在全球央行的货币供给中，中国人民银行

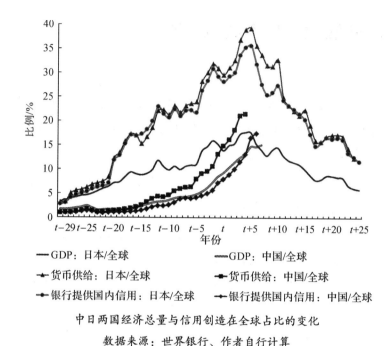

中日两国经济总量与信用创造在全球占比的变化

数据来源：世界银行、作者自行计算

注：横轴为时间坐标，t 年为 15 ~ 64 岁人口比重的峰值年，日本的 t 年为 1990 年，中国的 t 年为 2010 年。

和日本央行贡献了多少。

银行提供的国内信用占比，通俗地说，就是看在全球银行业的融资中，两国的份额有多大。

先看日本的情况：

1. 1995 年（$t+5$），日本在全球经济中的占比达到峰值，当年全球 1/5 的增长来自日本，日本也占用了 4 成左右的全球货币供给和融资，此后曲线持续向下。截至 2017 年年末日本经济规模只占全球的 1/16，货币和融资占比则降至 1/8，亦即 20 世纪 70 年代初的水平。

2.1970 年（$t-20$）以来，日本有一条经验数据规律，即日本占用全球货币及融资的份额是其对全球经济贡献的 2 倍。这条规律迄今已经维持了近 50 年。

3. 日本在 20 世纪 70 年代初告别高增长之后，呈现一个大体稳定的态势，即两个份额的融资，带来一个份额的经济成果。这是政策使然，还是说经济运行本身就存在这样一个"自然规律"，至今尚无理论证明。

再看中国：

1.2015 年（$t+5$），中国占用全球约 3 成的货币、2 成的融资，为世界贡献了 15% 的经济成果。

2.1990 年（$t-20$），中国用全球 1% 的货币和融资，生产出全球 2% 的经济成果。

3. 中国占用融资的份额与其产出贡献的份额相当，没有出现日本那种 2：1 的情况。

数据比较完毕，似乎没有什么一目了然的结论，除了中国在全球经济中的占比比日本提升得更快。是的，这一次，中日曲线终于不再高度吻合。目前，中国还可以用一个份额的融资带来一个份额的成果，而日本早在 45 年前就只能用"二"出"一"了。这意味着，中国市场对于全球资金的吸引力更强。

上文提到过，中国经济的成长，在很大程度上得益于与外部世界的良性互动。那么，我们是不是可以这样推演：只要我们能够抓住资金吸引力这个优势，就有可能避免重蹈日本滞涨的覆辙，摆脱"日本曲线"的宿命？

答案就是提高我国金融体系的效率，避免金融空转。难的是行动，在全球视野下，金融效率的提高有赖于机制的完善、市场的扩容、参与者行为的规范、监管者的公正有效、金融与实体之间的良性互动……而这些，都是硬骨头。

第二章

居民的福利

本章导读

从逻辑上讲，经济增长的结果必然是居民的财富积累和福利改善。因为经济的持续增长，不仅会提升劳动报酬，还会促进金融繁荣，进而产生巨大的财富效应。

然而，中国的实情却是，经济连年的高速增长本应带给居民的福利，不仅被通胀、税负和不断上升的债务负担大量消耗，而且房子之外其他资产市场的大起大落，也让居民无法持续增进财富。更为糟糕的是，房地产市场的一枝独秀，在"房子是用来炒的"误识下，大量消耗、侵占了居民有限的消费力。所以无论是从感性认知上，还是在客观数据的表现上，居民的财富和福利状况均难言乐观。例如，中国 GDP 在 2000 年就突破 10 万亿元，当年居民初次分配收入占 GDP 比重为 66%，居民净增金融资产占 GDP 比重为 8%，但当 2018 年中国 GDP 突破 90 万亿元，居民的初次分配收入与净增金融资产占 GDP 比重均较 2000 年的水平有所下降。

更为严重的是，作为本轮反危机的产物，我国的货币超额供给和社会整体债务规模均呈现快速增长的态势，但若没有新的经济增长产出与之对应，那么长期宽松的货币金融环境必将带来不

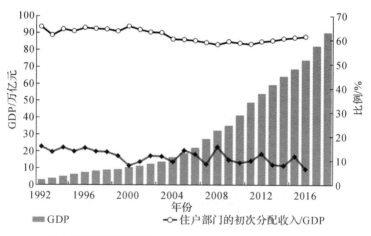

断上升的通胀压力。而按照经济学的菲利普斯曲线理论，宏观调控者只能在物价平稳和就业增长之间二选一，即要想化解通胀压力，就必须承受一定的失业压力。然而对于依然有着2亿多流动人口的中国而言，无论宏观层在菲利普斯曲线上做何选择（选择失业，还是选择通胀），对居民的福利而言，均难言福音。

在接触到的经济数据中，至今我也未找到居民福利趋势性向好的信号，而人的因素又是中国经济生产函数中最为重要的因素。因此，若百姓的福利预期迟迟得不到扭转，经济的函数就很难产生合意的结果。

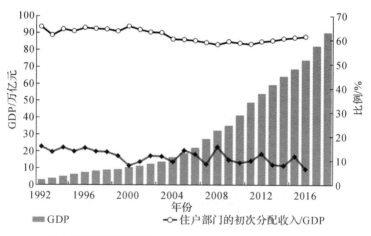

中国居民福利变化情况

数据来源：中国人民银行

流动的 2.5 亿人口

　　1981 年，中国的人口总量突破 10 亿大关，到 2018 年进一步增至 14 亿。与此同时，伴随中国经济发展和体制改革，中国居民的社会身份由过去的城乡二元结构，逐渐演变成三元结构——城镇人口、乡村人口和城乡间的流动人口。

　　按照在城镇居住时间超过 6 个月以上的口径，截至 2018 年年底，城镇常住人口规模 8.3 亿，即中国的城镇化率已接近 60%；但若按照公安部公布的户籍口径，拥有城镇户籍的人口规

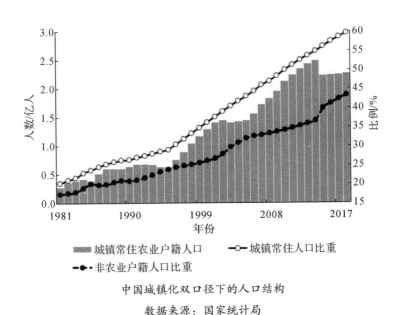

中国城镇化双口径下的人口结构

数据来源：国家统计局

模为 6 亿，占总人口的比重为 43%。由此推算，目前中国常住城镇但未获得城镇户籍的人口规模近 2.3 亿，2014 年该统计口径下的流动人口规模曾接近 2.5 亿。

若将中国 2.5 亿的流动人口视为一个国家的人口总量，那么这个国家在全球位居第 5。截至 2018 年，全球人口排名前 5 的国家依次为：中国 14 亿、印度 13.4 亿、美国 3.2 亿、印尼 2.6 亿和巴西 2.1 亿。可见仅从人口规模上，在我国人口结构中异军突起的第三元力量就已不容忽视，更何况这部分人群还是中国劳动力市场最活跃的因子。

众所周知，人口红利是中国经济持续多年高速增长的重要支撑因素之一，而在中国人口红利中，最重要的因子就是 2.5 亿的流动人口。因为这些流动劳动力的户口虽然不在城市，但他们的就业、生活起居和对经济贡献的大头都在城市，但由于身份的双重性，他们在生老病死、衣食住行等方面并不能拥有与城镇户籍市民同等的便利。换言之，2.5 亿的流动人口向城市贡献多、索取少。客观地讲，中国城镇化的快速推进与这种不平衡是密不可分的。

既然是不平衡，那其持续性就可能中断。为此，我比较观察了 21 世纪以来土地要素和劳动力要素的价值重估，发现劳动力的价值始终存在制度性低估，进而导致在劳动力供给不断增加的同时，个体劳动者非但不能减少有效工作时间，反而采取了被动延长劳动时间的做法来增加劳动总收入，以满足基本的生活消费需求。我将此称作中国人口红利在微观层面呈现出劳动个体"起早贪黑"[1]的特征。典型的微观案例包括出租车司机的超负荷工作,低端劳务提供等服务行业的频繁加班(例如家政),等等。

然而,伴随中国经济的发展,2.5亿的流动大军对社会的诉求也在不断增加,但由于上述双重身份/境遇的存在,这些诉求一直不能得到满足,以致越积越多,给整个社会带来巨大的张力,相应社会整体运行和管理的交易成本也在不断上升。以2017年的国家财政支出为例,其中公共安全支出的比重超过6%,支出总额为1.25万亿元,在24项支出中列第8位,高于国防、环境保护、科学技术、文化、外交等项目的支出。而社会整体运行和管理的交易成本的上升,实际上意味着社会运行和发展效率的受损。对于社会管理者而言,则意味着干预社会的半径被动性地扩大了,而过去那种"只要保住经济增长,社会就会稳定"的思路已经很难适应当前中国社会的运行。因此,对于中国而言,安置好2.5亿的流动大军,就成为纠正城乡失衡的关键。加拿大著名专栏作家道格·桑德斯在《落脚城市——最后的人类大迁徙》中曾指出:"落脚城市是一部转变人类的机器,只要让落脚城市充分发展,这部机器即可开创一个可持续的世界。"

2019年3月31日,国家发展和改革委员会发布《2019年新型城镇化建设重点任务》明确要求,城区常住人口100万~300万的Ⅱ型大城市要全面取消落户限制,城区常住人口300万~500万的Ⅰ型大城市要全面放开放宽落户条件,并全面取消重点群体

---

1 《人口红利的秘密是"起早贪黑"》,《中国经济这些年——关乎你财富的八件事》,张涛,浙江大学出版社,2016年1月。

落户限制。[1] 而按照《2017 年中国城市建设统计年鉴》数据，目前我国共有 54 个 II 型大城市、12 个 I 型大城市，意味着 66 个城市纳入了此次取消落户限制、放开放宽落户条件的范围之内，新政的出台表明中国城镇化路径已经在向"让 2.5 亿流动大军落脚城市"迈进。

1　此前城区常住人口 100 万以下的中小城市和小城镇已陆续取消落户限制。

再见菲利普斯曲线

　　作为经济运行中的微观经济个体，我们之所以关注宏观经济运行，是因为它会直接影响我们的生活。例如，物价水平的高低直接影响我们购买力的强弱——物价上涨，购买力下降；反之，物价下跌，购买力上升。再例如，就业水平的高低直接影响我们收入预期的强弱——就业形势好，收入预期就乐观；反之，就业形势差，收入预期就悲观。在综合考虑实际购买力和收入预期等因素之后，我们就会对自身的消费、投资和储蓄等做出相应安排或调整，并最终反馈于宏观经济运行。

　　微观个体千差万别，行为模式各自不同，但又相互影响，互为因果。这些微观行为汇集反映到宏观经济运行中，便是各类经济指标之间错综复杂、相生相克的种种关系，而经济运行的现状就是这些关系在正负反馈机制作用后的结果。因此，无论对微观个体，还是对宏观政策部门，厘清各个经济指标间的逻辑关系（相关/因果）就十分重要，否则我们将难以对经济趋势做出相对理性的判断。

　　还以就业和物价为例。在经济学理论上，有关就业和物价之间关系的讨论，最著名的当属菲利普斯曲线——失业与通胀之间存在替代取舍关系，即在经济上升周期内，失业率下降，物价上涨；而在经济下行周期内，失业率上升，物价下降。该理论的政策含义就是，政策部门既可以采取扩张性政策，用较高的通货膨胀率来换取较低的失业率；也可以采取紧缩性政策，以较高的失业率来换取较低的通胀水平。

值得一提的是，菲利普斯曲线并非严格意义上的经济理论，它只是新西兰统计学家威廉·菲利普斯根据英国1861—1913年的统计资料归纳出来的一条经验规律。因此，自该曲线问世以来，学界对其有效性就一直存疑，例如货币学派的米尔顿·弗里德曼就反对"以通胀换就业"的办法。

因此，在分析中国的就业和物价关系时，首先需要判断菲利普斯曲线的经验规律在中国是否存在。

20世纪90年代后期爆发的亚洲金融危机，至今已有22年（1997—2018年），时间跨度已经基本支持从经济周期的角度来观察中国经济运行，尤其是在此期间还经历了两次大型危机的极端情况。若以经济增速为划分标准，中国经济在该时期内大致经历了一个半周期。

在第一个周期内，受亚洲金融危机的影响，中国经济增速由1996年的10.3%降至1999年的6.7%，降幅接近4个百分点。随后在宏观调控政策的干预下，经济逐渐回升，至2007年经济增速已升至14.29%。2008年全球金融危机爆发，经济再次进入下行周期（即第二周期），其间在"一揽子计划"的刺激下，经济增速一度于2010年回升至10.69%，但未从根本上逆转下行趋势。截至2018年年底，经济增速已降至6.4%，与2007年的峰值相比，降幅接近8个百分点。

受中国失业数据可获得性的制约，我采用观察就业和物价的方法，来观察该时期中国的菲利普斯曲线，即若就业与通胀呈现同向关系，那么在逻辑上"失业和通胀的反向关系"就算成立，也就是菲利普斯曲线是存在的。

　　我选取城镇年净增就业人数和 GDP 平减指数，分别代表就业和物价的情况。

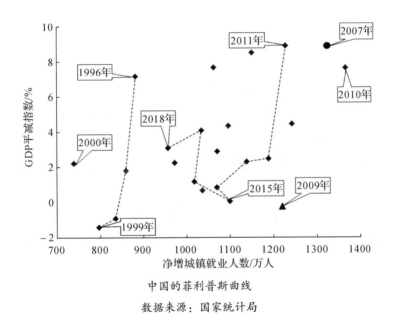

中国的菲利普斯曲线

数据来源：国家统计局

　　首先，在第一个周期的下行期内（1996—1999 年），GDP 平减指数由 7.2% 降至 -1.4%，降幅高达 8.6%，同期城镇年净增就业人数也由 882 万降至 796 万，2000 年进一步降至 739 万。

　　其次，在 2008 年全球金融危机中（第二个周期的下行期内），虽然在"一揽子计划"刺激之下，经济增速出现了短暂反弹，但伴随刺激政策退出，GDP 平减指数由 2011 年的 8.8% 降至 2018 年的 5.4%（2015 年曾降至 0.07%），同期城镇年净增就业人数也由 1227 万降至 957 万。

在上述两个经济下行周期内，中国经济均出现了就业和通胀同步下降的局面，由此判断，菲利普斯曲线的经验规律在中国是存在的。

20 世纪 90 年代后期的亚洲金融危机，是改革开放以来中国面临的首次大型危机。针对经济出现的明显趋势性下行，当时的宏观层实施了一系列反危机措施，包括扩大内需（投资需求和消费需求并重）、积极财政政策、稳健货币政策、西部大开发、加入 WTO、国有企业改革和金融监管改革等。经济随之逐渐恢复上升态势，2003 年经济增速重返 10% 以上，并在其后 5 年内增速均超过 10%，2002 年之后城镇年净增就业人数重返 1000 万以上，并持续到 2017 年。但作为保就业的代价，2004 年下半年至 2008 年上半年，中国出现了一轮通货膨胀，CPI 和 PPI 涨幅最高分别触及 8.7% 和 10%。

目前，中国经济再次处于大危机后的下行长周期中，城镇年净增就业人数已经降至 1000 万以下（与 2001 年的水平相当），总就业人数更是在 2018 年罕见地转为净减少 54 万，整体通胀水平也持续低位，多项数据显示，经济下行压力巨大。因而，按照菲利普斯曲线的经验规律，我们需要采取扩张性宏观政策。但 2016 年"假筑底"的经历，表明当前经济局面的复杂程度远超上次，而且本次全球金融危机爆发以来，中国经济虽然在"一揽子计划"

下实现了率先复苏，但之后不断发力的扩张性政策不仅未能有效让经济恢复上行态势，反而出现了债务高企、产能过剩和金融空转等一系列问题。加之近年来民粹主义与经济民族主义已经大肆消耗了各国间的信任，地缘政治风险加速积累，中国正在"面临百年未有之大变局"，因而当我们再见菲利普斯曲线时，化解之道至今未现。

后危机时代的理财学

为了防止 2008 年全球金融危机演变为更为严重的大萧条，各国货币当局均实施了史无前例的宽松货币政策，中国也不例外。危机初期，中国广义货币供给余额（M2[1]）约 50 万亿元（2009 年 1 月末，M2 余额为 50 万亿元），到 2012 年前后就超过了 100 万亿元（2013 年 2 月末，M2 余额为 100 万亿元），再到 2018 年前后已接近 190 万亿元（2019 年 3 月末，M2 余额为 189 万亿元）。与此同时，中国人均 GDP 也由 2008 年的 3471 美元升至目前的 1 万美元左右（2012 年和 2018 年人均 GDP 分别为 6317 美元和 9771 美元）。换言之，全球金融危机爆发以来，中国的货币供给扩大了近 4 倍，人均 GDP 相应扩大了 2 倍，由此带来一个现实问题需要讨论——在如此宽松的货币金融环境下，居民究竟是应该增加消费，还是应该增加理财？

只有通胀压力足够大，居民及时行乐（消费）才会有动机。而按 CPI 计算，2008—2018 年我国通胀水平累计涨幅 27%，年均幅度不足 3%，居民面临的通胀压力并不大。因而，居民考虑更多的应该是理财问题，而此判断与大家的实际感受也是一致的。

目前，在我国境内，除了存款，居民可选择的投资品主要有两类：一类是人民币计价的资产，如房产、债券、股票和黄金等；

1　中国人民银行的统计口径显示，广义货币供给 M2= 流通中现金 + 活期存款 + 准货币（定期存款 + 居民储蓄存款 + 其他存款）。

另一类是外汇资产，如美元、欧元和日元等。鉴于海外投资便捷性不高，加之"个人每年等值5万美元购汇额度"的限制，普通居民购入外汇资产，主要还是看中相应的人民币汇率变化带来的收益，即持有外汇期间，因人民币汇率贬值而获得的收益。

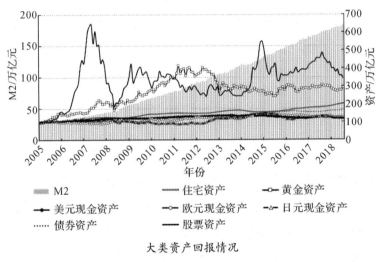

大类资产回报情况

数据来源：WIND，图中的7类投资品价格均取自国内市场以人民币计价的价格

首先，在本次全球金融危机前，伴随着汇率改革（2005年7月21日），中国货币供给逐渐被外汇占款主导。截至2008年年末，央行资产负债表中外汇资产的比重已升至70%以上，同期M2也累计增长了72%。观察大类资产在该阶段（2005年6月末至2008年年末）的表现，其中A股的回报率无疑是最好的，超过了100%（107%），2007年回报率曾一度超过5倍；其次

就是黄金了，回报率接近100%（98%），而住宅、美元和债券的回报水平相当，20%左右；最差的是欧元和日元，分别为5%和-1%。

其次，2008年危机后，在反危机的宏观意图下，中国的货币供给进入史无前例的宽松时期。2008年年末至2018年年末，M2增长了3倍，A股在该阶段表现依然是最好的，回报率为115%，2015年回报率还曾超过4倍；其次就是住宅，回报率接近70%；其他资产的回报率由高到低依次为黄金（48%）、债券（39%）、欧元（26%）和日元（25%）；最差则是美元，回报率接近零。

第三，与其他资产相比，A股的波动性是最强的，而住宅和债券的增长稳定性最好。总体而言，中国是一个机会不错的市场。

第四，2008年之后，配置美元显然不是一个好的投资策略，若配置同属避险货币的日元，则可拿到25%的回报，此差别显然和本次危机后，日本央行最为激进的宽松货币政策以及全球跨境资本的流动密切相关。

综上，对于中国居民而言，配置房产的投资者一定是后危机时代收获最丰厚的，但由于调控政策的频繁调整，这类投资者要面临较大的政策风险。而A股的波动性让投资者面临较大的市场风险。相比之下，配置债券则是最为稳妥的策略，但前提是投资者能够成功躲避债券违约事件。自2014年中国债券市场开始出现违约以来，配置债券面临的信用风险概率也在逐年提高，2018年中国债券市场违约规模已接近1200亿元。至于黄金和其他外汇，则要受到美元的直接影响以及人民币汇率的间接影响，情况就更为复杂。

因此，在后危机时代，中国居民理财面临的不确定性只增不减，而在巨量货币供给存量的金融环境下，如果没有与之相配的相当深度和广度的金融市场体系，那么单一资产泡沫或恶性通货膨胀就更加容易堆积成系统性风险，甚至是危机。或者可以这样说，后危机时代居民的理财更取决于金融的稳定。

浮盈 10 年

2007 年党的十七大报告明确"创造条件让更多群众拥有财产性收入"，它标志着居民财产性收入问题首次被列入中国的顶层设计中；2012 年党的十八大报告延伸为"多渠道增加居民财产性收入"；2017 年党的十九大报告则强调"拓宽居民劳动收入和财产性收入渠道"。2007 年以来，在金融统计数据的变化中，确实可以发现中国居民的财富观念和财富需求均已发生巨大变化。

根据国际标准定义，财产性收入指金融资产和自然资源的所有者，将这两种类型的资产交由其他机构单位支配时所产生的收入。所以房产及房租是不包括在内的，而我国居民个人拥有的自然资源很少，因此我国居民的财产性收入基本就取决于其拥有的金融资产的表现。

但可惜的是，至今统计部门还未公布居民金融资产的相关数据。不过自 1992 年开始，央行在其年报中都会公布经济五部类的资金流量表（金融交易账户），即住户、非金融企业、政府、金融机构和国外部门的各种金融资产与负债的变化（即金融资产流量数据），其中住户部门由城镇住户和农村住户构成，也包含个体经营户，目前数据已更新至 2017 年年末。假定住户部门就等同于居民，加之 1992 年前，我国居民 9 成以上的金融资产仅为存款，根据储蓄存款数据以及 1992 年以来的资金流量表数据，

我们就可以对居民拥有的金融资产规模进行估算，其中居民金
融资产涵盖存款、证券（股票、债券和基金等）、保险与理财产
品等。

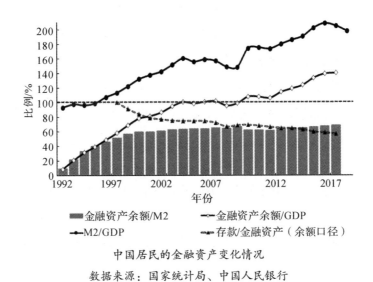

中国居民的金融资产变化情况

数据来源：国家统计局、中国人民银行

估算的结果如下：

1. 截至 2017 年年底，我国居民拥有的金融资产规模约
115.53 万亿元，占 GDP 比重为 141%。

2. 我国居民拥有的金融资产中，存款占比已由峰值的 70%
降至 56%，居民已经可以多渠道进行金融资产的配置。

3. 居民拥有的金融资产与广义货币供给（M2）基本是同步
增长的，而且 21 世纪以来，两者的斜率也是大致趋同，居民金
融资产占 M2 的比重基本稳定在 60% ~ 70%。

4. 居民金融资产的变化可分三个阶段。1992—2002 年的快速增加阶段，居民金融资产占 GDP 比重由 20% 升至 95%；2003—2011 年的稳定阶段，居民金融资产占 GDP 比重稳定在 100% 左右；2012 年之后，居民金融资产重新恢复快速增长态势，截至 2017 年年末，居民金融资产占 GDP 比重升至 141%。

通过上述数据分析，基本可以得出两个判断。

首先，居民存款的收益直接取决于央行的利率政策，收益风险很低。过去，存款占居民金融资产比重在 9 成以上，目前已降至 6 成左右。居民金融资产结构变化的直接结果就是居民面临的收益风险显著提高，因为居民存款之外的 4 成金融资产包括股票、债券、基金和理财等，这些资产多是随行就市，更多受到金融市场波动的直接冲击。换言之，居民金融资产的收益与金融市场间的关系日益紧密，居民的财产收入越来越依赖于金融市场的效率。

其次，1992—2002 年，居民金融资产占 M2 的比重持续上升，由不足 10% 升至 60% 以上，表明居民的金融资产增加更多源于收入的增加和收入分配的改善。但 2003 年之后，居民金融资产与 M2 的比值就稳定在 64% 附近，表明居民金融资产的增加多源于同期货币供给的增加，即居民财富的增加很多是建立在货币幻觉上的浮盈。

那么如何才能让浮盈成真呢？

我想很重要的一条是，提高金融市场的效率，实现金融对实体的支持。因为只有实体经济持续繁荣了，居民的财产性收入才有切实的内涵；反之，如果金融市场背弃了服务实体的宗旨，任由投机套利等交易行为蔓延，那么它一定会沦为赌徒的名利场。这样博弈的结局必定是少数赢家敛聚了多数的存量财富，而居民整体性的财富增长却无从谈起。

房子的往事

伴随 2016 年年底的中央经济工作会议首次提出"房子是用来住的，不是用来炒的"，房地产行业在中国经济中的定位再一次被调整[1]，即房地产作为投资品的属性被彻底否定。但截至 2018 年年末，中国全社会固定资产投资的 1/5 还是源于房地产投资，1/3 的金融机构贷款依然是房地产贷款，房产占中国家庭总资产的比例更是高达 70% 以上，这些数据表明房地产行业对中国经济依然至关重要，尤其是中国的房地产还是近 10 余年全球回报最好的资产之一。另外，作为前车之鉴，20 世纪 80 年代的日本，正是在房地产泡沫破裂之后，陷入"失去几十年"的经济低迷期，日本央行因此至今还将利率保持在零或低于零的水平。

因而，要理解中国经济运行和居民财富变化，对于明确"房住不炒"定位之前这段经历的回顾，就成为题中应有之义。

同样如前文，观察时期始自 2005 年 7 月的人民币汇率改革，

---

1 在"房住不炒"之前，房地产定位为经济的支柱产业，"房地产业关联度高，带动力强，已经成为国民经济的支柱产业。促进房地产市场持续健康发展，是提高居民住房水平，改善居住质量，满足人民群众物质文化生活需要的基本要求；是促进消费，扩大内需，拉动投资增长，保持国民经济持续快速健康发展的有力措施；是充分发挥人力资源优势，扩大社会就业的有效途径。实现房地产市场持续健康发展，对于全面建设小康社会，加快推进社会主义现代化具有十分重要的意义"。《国务院关于促进房地产市场持续健康发展的通知》，2003 年 8 月 12 日。

截至 2016 年年底"房住不炒"的提出。

　　首先，如果在 2005 年 6 月将手里的美元换成人民币，单纯以现金的形式保存着，到 2016 年年底再将手里的人民币现金兑换成美元，累计投资回报率接近 20%。换言之，2005 年的 1 美元，中间经过人民币现金的转换，到 2016 年就增长为 1.2 美元。

　　其次，如果将 CPI 作为物价指标来测算，2005—2016 年，美国物价水平累计上涨了 27%，中国物价水平累计上涨了 38%。由此推算，2016 年的 1.2 美元的购买力在美国只相当于 2005 年的 0.88 美元，而在中国则仅相当于 2005 年的 0.74 美元。

　　因此，在保证基本消费需求后，明智的您一定会选择现金形式之外的投资品，例如，投资房子。

　　2005 年 6 月底至 2016 年年底，中国城市的平均房价累计涨幅为 153%，即投资回报率超过 150%；如果投资标的是深圳的房子，回报率更是高达 281%；即使是投资此期间涨幅最少的城市——丹东，回报率也接近 25%。

　　举例说明，2005 年 6 月，您手里有 12 万美元，按照当时 1 美元兑 8.2765 元人民币的汇价，兑换成约 100 万元人民币，然后投资一套中国深圳的房子，到 2016 年年底卖掉房子，再按照时价换成美元（1 美元 =6.9495 元人民币），2005 年的 12 万美元就增长成 40 万美元（剔除通胀因素影响之后，在中国的实际购买力相当于 2005 年的 25 万美元）。若以中国城市的平均房价来看，2005 年的 12 万美元也翻了一番，涨到了 24 万美元（对应在中国的实际购买力为 2005 年的 15 万美元）。

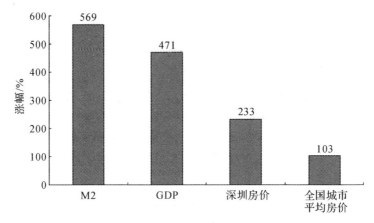

中国房子的投资回报率（2005—2016 年）与经济增长的对比

数据来源：国家统计局

注：2005 年 7 月至 2016 年年底累计涨幅，以美元计价。

　　因此，客观地讲，2005—2016 年，投资回报率能够明显超过中国房子的投资品是为数不多的。例如，投资黄金的回报率为165%，投资美股的回报率为92%（以道指涨幅计算），而若投资原油的话，则会亏损5%。

　　与房价相比，更为惊人的数据是我们的经济总量和货币供给规模，同样以美元计价，2004 年中国 GDP 仅为 1.96 万亿美元，到 2016 年就已升至 11.2 万亿美元，累计增长 471%；截至 2005年 6 月底，广义货币供给余额（M2）为 3.33 万亿美元，到 2016年年底 M2 余额已达 22.3 万亿美元，累计涨幅高达 569%。可见，经济高速增长、货币环境宽松舒适、房产投资回报丰厚，基本就是这一阶段中国经济的实况。

　　然而，当"房住不炒"的定位确立之后，中国的房子也由最好的投资品向最贵的消费品转变，由此必将对今后的经济运行产生难以评估的影响。要知道全球化、人口红利和房地产正是21世纪驱动中国经济的"三驾马车"，如今前两者已经逆转，房子定位的调整意味着中国经济的驱动需要新的引擎，而在新引擎确立之前，经济必定难以结束下行态势。

居民的消费力

2018 年，在中国社会诸多话题中，"消费降级"的讨论无疑是热门话题。麻宁在其《这届年轻人，做好过苦日子的准备吧》的文章中公开宣称"消费降级时代轰然而至"，而导致消费降级的主因则是昂贵房价带动下越来越高的生活成本。而早在 2016 年年末，中国决策层就明确将房子的定位调整为"是用来住的，不是用来炒的"，随后最高领导人还多次强调"要准确把握住房的居住属性"。由此可见，中国决策层对当前房地产市场的一个判断是，房子正在偏离其本来属性，或者说"泡沫化"。而泡沫总有破灭的危险，2008 年的全球金融危机便是因房子而起。2007 年 4 月，美国第二大次级房贷公司新世纪金融公司破产，引爆蔓延全球的经济危机。再例如，战后日本经济在创造奇迹之后，终因房地产市场泡沫破裂，于 20 世纪后期陷入经济低迷和通货紧缩的失落状态，至今也未恢复。

那么，如何判断房地产市场的"泡沫化"程度呢？一直以来，这都是经济界的大难题，以至于格林斯潘说"泡沫只有在被刺破时才是泡沫"。并且房子是不可移动的，这也让它与其他商品存在较大差异。理论上，土地的供给是有限的，建在土地上房子的供给也是有限的，一般意义上的供需分析框架不适用于房地产市场，即从房价的高低很难判断房地产的泡沫有多大。但这个判断又必须明确给出。这也是我为什么会特别看重政治家有关"准确把握住房的居住属性"的表态，它实际上为经济学界提供了一种判断标准，即从居住消费这一本来属性来观察房地产市场。一旦某种经济要素背离其本性，那么反映在经济指标上，就会出现不合逻辑的背离。例如，2017年第一季度，我国的物价指标就出现了罕见的背离：

● GDP平减指数由2016年第四季度的2.8%升至2017年第一季度的4.9%；

● PPI同比涨幅由2016年第四季度的3.3%升至2017年第一季度的7.4%；

● CPI同比涨幅由2016年第四季度的2.1%降至2017年第一季度的1.4%。

我国物价出现了罕见的"两升一降"的局面，而从历史上看，这三个物价指标基本是同向的，变化幅度多数时候也基本接近。

2017年第一季度，GDP平减指数作为广义的物价指标，其好转意味着经济整体向好。PPI在连续54个月负增长后翘首转正，单季同比涨幅持续上扬，表示经济供给层面已摆脱之前冷清的局面。经济复苏，加上当时全国居民人均可支配收入比上年同期实际增长了7%，作为居民消费物价指标的CPI，照理也应该上升才对。但实际情况恰恰相反，CPI不仅没有提升，反而下降了。

物价指标出现大背离的原因何在，物价背离异象背后的逻辑又是什么？这就得回到本文初所说的"房子的本来属性"来看了。

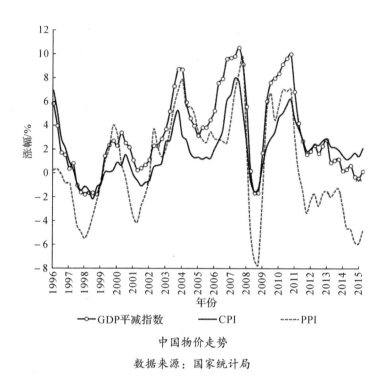

中国物价走势

数据来源：国家统计局

我国房地产市场持续井喷多年，如果假设这些房子都是买来住的（亦即符合其消费属性），那么买了之后一定会装修，并购买家具、家电等消费品，最终这一系列的购买行为都会体现在CPI上，而当CPI不升反降，那么在逻辑上就可进行如下反推：

1. 人们买房不是为了居住，而是为了高价卖出（亦即房子不是消费品，而是投资品）。所以买了之后，不需要装修及购买家具、家电等。

2. 买房子要付首付，办了贷款后，要按期还本付息。高房价及相关调控措施（比如提高购房首付比例），均会让居民此类支出大幅增加，相应挤压了正常消费的空间。美国人当年为了解决这个问题以刺激消费，金融创新了次级抵押贷款，最终引爆危机。

3. 高房价刺激了购房者加杠杆的行为。可以想象，如果连买房的首付都是借的，收入证明也是假的（为了获取更高的按揭贷款额度），那么购房者一定会节衣缩食来还债。

因而，物价指标的背离恰恰是房地产市场日趋"泡沫化"的结果。这一趋势若不受控制，资产泡沫的破裂和因此产生的巨大冲击就在所难免。国际清算银行最新数据显示，截至 2018 年年末，我国居民的债务余额已超过 47 万亿元，而其中近一半的新增债务是在 2015 年"330 新政"[1]之后发生的。虽然 2016 年"房住不炒"明确之后，房地产政策再一次收紧，同时相关的长效机制也在加紧构建，但因房而起的巨额债务确实消耗和透支了居民的消费力，而当这种透支开始转化为居民对未来的焦虑，大家的经济预期也会随之出现潜移默化的变化。已有发达国家经验显示，这种预期一旦形成趋势，扭转过来就非常困难，往往需要经过很多年的"紧日子"才能缓解，甚至是花掉一两代人的时间。

1　2015 年 3 月 30 日，央行、住建部、银监会联合下发通知，对拥有一套住房且相应购房贷款未结清的居民家庭购二套房，最低首付款比例调整为不低于 40%。使用住房公积金贷款购买首套普通自住房，最低首付 20%。拥有一套住房并已结清贷款的家庭，再次申请住房公积金购房，最低首付 30%。

改善民生才是真好

本次全球金融危机后，中国经历了自改革开放以来最长的低通胀时期。2012—2016 年，PPI 连续 5 年负增长，而自 2012 年开始，CPI 就始终低于 3%，因而社会各界普遍担心中国经济已陷入了通货紧缩。但如果把视角拉长了看，情况又是如何呢？

如前文，还是以 CPI 为例。根据国家统计局公布的 CPI 篮子中各类消费支出物价的环比涨幅情况，就可以计算出 21 世纪以来居民各项消费支出物价的累计涨幅。2001—2018 年的 18 年间，CPI 累计涨了 54%，其中占 3 成的食品（含烟酒）累计涨了 127%，占 7 成的非食品累计涨了 20%，非食品当中居住类累计涨了 61%。综合而言，在我们的衣食住行中，吃饭和居住的价格一直处于上涨态势。这里需要说明的是，居住类涨幅不是房价的涨幅，而是统计局统计口径下的房租涨幅。

与宏观层经济分析工作者更关注宏观经济中的增速、结构等数据不同，实际上居民最关注的还是自身福利的变化，居民对经济运行的评价标准也很简单朴素：民生福利改善了，就是好的经济运行，反之就不是好的。而从物价角度来看（税收和公共服务等也都是观察经济福利的视角），影响居民福利的主要有三条：收入、物价和储蓄资金的财富增长。

首先，观察居民的收入增长情况。2001—2018 年的 18 年间，城镇居民的名义收入累计增幅近 540%，剔除物价因素后的实际

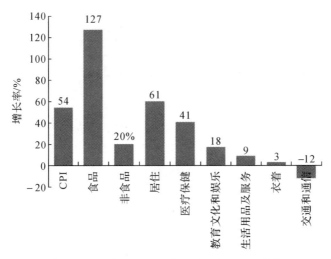

中国居民消费物价增长情况（2001—2018 年）

数据来源：国家统计局

收入累计增幅 330%；农村居民名义收入累计增幅近 510%，剔除物价因素后的实际收入累计增幅 280%。但同期名义 GDP 累计增幅则接近 900%，剔除物价因素后的实际累计增幅 480%，均大幅超出居民名义和实际收入的增幅。

其次，观察居民储蓄资金的财富效应。鉴于股票等资本市场波动性太大，在这里按照无风险的投资来计算，即存款和理财。如果按照一年期定期存款滚动计算，2000 年年底 100 元的存款，到 2018 年年底，这 100 元存款本息合计近 160 元，对应的累计涨幅为 60%。

2004 年中国理财产品出现之后，如果按照一年期理财产品的平均收益率计算，那么 2000 年年底的 100 元存款（2001—

2003 年投资存款，2004 年开始买理财产品），到 2018 年年底，本金加收益合计约 210 元，对应的累计涨幅为 110%。

整体而言，只是大体覆盖了同时期的通胀涨幅，但并未有明显的财富效应。

第三，截至 2018 年年末，无论城镇居民，还是农村居民，生活消费占收入的比重依然在 50% 以上。因此，CPI 的变化不仅与居民生活直接相关，而且分量还很重。

一般而言，关于宏观经济运行最常见的判断是，经济下行，通缩压力增大，此判断背后隐含着另外一个判断——经济增长了，通胀回来了，经济就好了。

但事实是否真的如此？

根据过去 18 年中国的情况，我们很难给出肯定的答案。过去 18 年，民生福利的改善和宏观经济运行的表现存在明显的落差，居民购买力水平的提高速度赶不上经济的增速。如果再考虑收入分配差距和社会服务的不平等，居民福利难言大有起色，而在居民眼中，只有带来民生改善的经济增长才是真的好。

先还富于民

　　2015 年 12 月召开的中央经济工作会议，明确了"十三五"开局的重点工作就是"三去一降一补"[1]，即去产能、去库存、去杠杆、降成本、补短板。而在 2016 年 10 月 25 日的国家发展和改革委员会举行的新闻发布会上，发改委副秘书长许昆林就表示，我国钢铁、煤炭去产能工作取得了积极进展，行业运行形势和发展环境明显好转，2016 年全国钢铁、煤炭过剩产能退出任务有望提前完成。

　　但 2016 年 2 月 22 日，中欧商会发布《关于如何解决中国产能过剩的研究报告》[2]，其调查结果显示，2008—2014 年，中国的粗钢、电解铝、水泥、化工、炼油、平板玻璃、造船以及纸和纸板等八大行业的产能利用率均有所下滑，其中产能利用率最高

1　"做好经济工作要……坚持稳中求进工作总基调，坚持稳增长、调结构、惠民生、防风险，实行宏观政策要稳、产业政策要准、微观政策要活、改革政策要实、社会政策要托底的总体思路，保持经济运行在合理区间，战略上坚持持久战，战术上打好歼灭战，着力加强结构性改革，在适度扩大总需求的同时，去产能、去库存、去杠杆、降成本、补短板，提高供给体系质量和效率，提高投资有效性，加快培育新的发展动能，改造提升传统比较优势，增强持续增长动力，推动我国社会生产力水平整体改善，努力实现'十三五'时期经济社会发展的良好开局。"2015 年中央经济工作会议，2015 年 12 月 21 日。
2　这是中国欧盟商会自 2009 年首次发布《关于中国产能过剩问题报告》后的第二份此主题报告。

的纸和纸板业从90%轻微降至85%以下，而炼油业下滑幅度最大，从80%降至65%附近。

因此，短短的10个月时间，就将积累长达6年的产能过剩问题彻底化解，显然是不现实的。而且2016年9月，PPI同比涨幅虽在时隔54个月后由负转正，但当时，在41个工业大类中，仅有17个行业价格涨幅由负转正，包括石油、化工在内的其他24个行业的价格仍然处于负增长状态。而在2018年12月召开的中央经济工作会上，决策层依然强调"推动更多产能过剩行业加快出清"。由此可见，"去产能"任务远未结束，产能利用率不足的问题仍然严重。

产能利用率若长期过低，意味着生产要素被过度闲置和浪费。一方面，在产能过剩的状态下，企业为了维持利润，往往削减成本，以致工人工资增长缓慢，甚至失业。有些企业还要铤而走险，采取一些不正当手段，比如违法劳动法，无视环境安全卫生管理标准。另一方面，由于缺乏研发资金，产能过剩企业往往无法自我升级，而滞留于产业价值链的低端。在这种情况下，为了维系整体竞争力，企业又可能反过来扩大产能，进而陷入恶性循环。

那么，究竟是什么原因导致产能利用率不足？至今尚未有共识。一派观点认为，主要就是产能过剩所致。因而要去产能、做减法，"关、停、并、转"产能过剩企业。前文发改委官员所谓"全年任务"，就是做减法的过程。

另一派观点则认为，造成产能利用率不足的真实原因是有效需求不足。这派观点主张做加法，即通过刺激有效需求来改善产能利用率。

我也倾向于做加法。2018年我国人均GDP已接近1万美元，但全国31个省（区、市）中只有10个地区超过这一平均水平，其余21个地区的人均GDP不及平均水平，而且这21个地区的GDP总量占全国比重还不足40%。在巨大的区域差距背后，必定存在巨大的潜在需求。换句话说，产能过剩是一个相对的概念，产能利用率不足与其说是因为产能过剩，不如说是源于发展差距带来的产需错位。

那么，如何改善有效需求？答案仍然分两派：一派主张增加政府需求，即扩大财政支出；另一派则强调减税，提高企业和居民的购买力，让他们有钱可花。

似乎这两个办法都不错，但实际效果又如何呢？

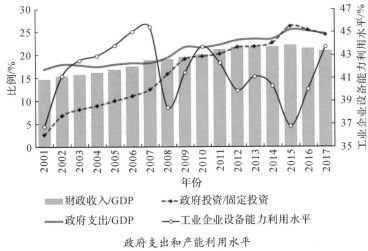

政府支出和产能利用水平

数据来源：财政部、人民银行

2008 年全球金融危机以来，我国实施积极财政政策，政府支出相应大幅增加，政府支出占 GDP 比重由危机前的 18% 升至 2018 年的 25%。其中增加最快的是政府投资，占社会固定投资的比重亦由危机前的 13% 升至目前的 30%。而为了支持政府支出，我国宏观税负难以持续下降。截至 2018 年年末，财政收入 /GDP 已然超过 20%，2016 年还曾超过 22%。但从数据表现来看，积极财政的收效不大，央行对 5000 户工业企业调查数据显示，2007—2015 年，工业企业设备能力的利用水平由 46% 下滑至 35%，年均降幅超过 1 个百分点，之后经过 3 年的"去产能"，截至 2018 年年末才回升至 43.6%。

《易经》有云，"损上益下，民说无疆"。积极财政仅仅增加支出显然是不够的，还必须要减税 [1]！这也是自 2018 年开始，减税在宏观调控中分量越来越重的原因。2018 年减税 1.1 万亿元，2019 年预计还要减税 2 万亿元，而减税的核心就是涵养税源。若想根本扭转产能利用率不足的问题，就先得还富于民。

1　《积极财政要靠减税》（2015 年 4 月 27 日）、《再论全面减税的逻辑》（2015 年 9 月 15 日）、《三论减税的逻辑》（2016 年 11 月 30 日），参见财新网张涛专栏，http://opinion.caixin.com/zhangtao_mjxx/。

第三章

跑偏的金融

本章导读

　　1997 年召开的第一次全国金融工作会议明确了"金融是现代经济的核心"。时隔 20 年，2017 年召开的第五次全国金融工作会议进一步明确"金融是国家重要的核心竞争力"。而在 2019 年 2 月 22 日中共中央政治局第十三次集体学习时，决策层对于金融与经济的关系进一步做了清晰界定："金融活，经济活；金融稳，经济稳。经济兴，金融兴；经济强，金融强。经济是肌体，金融是血脉，两者共生共荣。"[1]

　　综观全球，至今还没有哪个国家的决策层对金融工作的重视程度能够超过中国，而中国金融的实践更是没让庙堂上下和江湖内外失望，在短时间内就实现了跨越式扩张。截至 2018 年年末，金融业增加值由 1997 年的 4000 亿元升至近 7 万亿元的水平，占 GDP 比重连续 4 年超过 8%。然而，伴随金融业的急速扩张，潜在的金融风险越来越让社会各界不安，而决策层对金融工作的思路，也越来越侧重于风险的防控。例如，1997 年第一次全国金融工作会议强调"保证金融安全、高效、稳健运行，是国民经济

---

[1]　参见人民网"习近平系列重要讲话数据库"，http://jhsjk.people.cn/article/30901903。

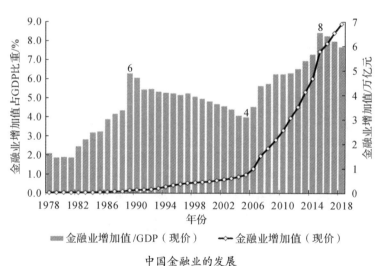

持续快速健康发展的基本条件"，2017年第五次全国金融工作
会议则强调"金融安全是国家安全的重要组成部分""防止发生
系统性金融风险是金融工作的永恒主题"。2019年2月22日中
共中央政治局第十三次集体学习时，习近平更是明确指出"防范
化解金融风险特别是防止发生系统性金融风险，是金融工作的根
本性任务"。

近年来，与金融领域市场化创新跨越式发展并行，"金融空
转""脱实向虚""钱荒""股灾""影子银行"等金融无序及
乱象给经济运行带来的羁绊越来越多。同时包括金融发展、信用
创造和债务负担等在内的一体多面的金融问题，也广被关注，尤
其是关于债务问题、银行不良、资产价格过度波动等是否会酿成

中国金融业的发展

数据来源：国家统计局

系统性风险更是争论不休。

　　与金融领域的变化同步，各界对于金融的认识也在不断调整。就目前我自己的认知程度，对金融的认识主要集中于以下两点。

　　1.现代信用货币体系形成后，大致可能存在这样一条经验：每次金融危机过后，对于金融领域而言，均会出现真实票据原则[1]的回归和强调。例如，目前我们就特别强调"金融要回归本源，服从服务于经济社会发展""为实体经济服务是金融的天职"，因为刚刚经历的危机强化了我们对金融扩张的"恶"的厌恶。而当经济运行一旦彻底好转，重新回到向上的轨道，那么忘乎所以的乐观必将卷土重来，金融创新也将再次提速，相应我们对金融扩张的"好"的喜爱，还会"习惯成自然"。

　　2.债务使现实与未来变得可交易，这无疑是最伟大的人类发明，从此人类就打开了一面魔镜。魔幻之处在于每一次照射就又会产生一面魔镜，依此无休止地繁衍（金融创新下的金融市场发展推动的大繁荣），直到其中任何一面镜子破碎（市场波动），人类的现实和未来顿时紊乱（大危机）。结果要么努力破镜重圆（债

1　真实票据原则的主要目的，在于防止可能导致银行破产和挤兑的各种投资行为。该原则被应用于金融恐慌，可以得出的结论是：资产价格的膨胀根源于那些被投入非生产性用途的投资性信贷扩张，在缺乏真实商业活动支持的情况下，飙升的资产价格最终必将下跌。一个"有弹性"的货币供给制度可以有效缓解金融恐慌，而真实票据原则可以将信用和货币的扩张，引向实体经济的合理需求。只要没有信贷外溢到投机领域，金融恐慌就将随之终结。罗伯特·黑泽尔著，《美联储货币政策史》，社会科学文献出版社，2016年。

务重组），要么就必须忍受支离破碎之痛（破产清算），而这种伤痛一旦来临，就一定不会在短期内终结。

目前，金融扩张的"恶"还未彻底消退，尤其本次全球金融危机之后，中国金融再次出现"异常扩张"，经济已因此承受不小的负担。为了更理性地迎接未来金融扩张的"好"，本章就把落脚点放在这一时期金融异常扩张的种种潜移默化方面。

"Double-D" 之变

对于近年来的中国经济，人们越来越多地用"陷阱"二字来表达担忧，而且每每谈及"陷阱"，总不免流露出些许受骗上当的怨恨。而在众多热议的"陷阱"中，"债务陷阱"无疑是最抢眼的。不少人认为，伴随负债规模的扩大，通缩压力不断增加，中国经济将面临"债务—通缩"的陷阱。

"债务—通缩"是指一旦过度负债和通货紧缩两个因素相互作用和相互增强，就会导致经济衰退甚至严重的萧条。此理论是欧文·费雪 1932 年在《繁荣与萧条》一书中最先提出的，费雪认为 20 世纪 30 年代的大萧条就是由企业过度负债所导致的。

那么，中国实际情况又如何呢?

目前，观察中国债务问题用的最多的两个指标是：债务总规模（即包括政府、实体企业和居民在内的债务余额）和负债率（即债务总规模占 GDP 的比重）。而对于债务总规模，各界都有自己的算法，这里我介绍一个简单方法。由于当前中国的融资体系仍以商业银行体系为主（迄今中国社会融资总量的 7 成依然是信贷融资，另外商业银行体系还是直接融资中债券融资的主要投资者），因此非金融部门（实体企业、居民和政府）的债务规模大体与商业银行体系资产规模相当。这个方法虽然精确度不高，但在观察中国整体债务在方向和体量上的变化时很便捷。

为了更好地观察中国债务的变化，我们首先观察经济增长势头最强时期，中国经济和债务的情况。从 1949 年新中国成立至今，中国经济只出现过一次连续 5 年 GDP 实际增速超过两位数的局面，即本次全球金融危机前的 5 年——2003—2007 年。其间中国经济总量接近翻番，GDP 由 2003 年的 13.7 万亿元增至 2007 年的 27 万亿元，实际平均增速接近 12%；同期银行业总资产余额由 27.7 万亿元升至 52.6 万亿元，同样也接近翻番。伴随经济的强劲增长，该阶段并未出现信用的异常快速扩张，全社会的负债只是与经济增长亦步亦趋，经济总体负债率基本稳定，银行业总资产余额与 GDP 的比值稳定在 200% 左右，该阶段中国经济运行的主要问题是通胀，2007 年的 GDP 平减指数已接近 10%[1]（GDP 平减指数于 2008 年第二季度最高触及 10.6%）。

　　2008 年全球金融危机爆发以后，与其他国家一致，中国也实施了"一揽子计划"刺激经济。2008—2015 年，中国经济总量翻了一番多，GDP 由 31.9 万亿元增至 68.6 万亿元，但 GDP 的实际平均增速降至 8.6%；同期银行业总资产余额则由 62.4 万亿元升至 194.2 万亿元，增幅高达 211%，相应银行业总资产余额与 GDP 的比值由危机前的 200% 升至 290% 以上，但 GDP 平减指数则一路下滑，至 2015 年已跌至 0。因而，该阶段中国经济的实况是经济降速、债务增多、通缩增大。如果不及时遏制此变化趋势，中国将陷入"债务—通缩"陷阱的担忧就不是杞人忧天。

　　一旦陷入"债务—通缩"陷阱，中国的债务链条必将进一步

1　为 1994 年中国确立市场经济体制以来的最高值。

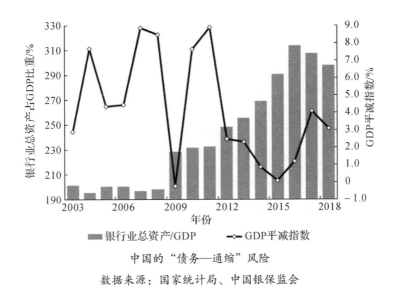

中国的"债务——通缩"风险

数据来源：国家统计局、中国银保监会

滑向"以债化债"的局面，直至最终债务危机的爆发。而在此过程中，债务人只能通过售卖资产的方式获取现金流还债付息，而债权人则会竭尽全力回收自己对外的融资。这样一来，就会形成一个恶性循环：债务人越是快速出售资产，资产价格的缩水速度和幅度就越快，进而导致用来抵押融资的资产价值变得脆弱，债权人也越来越不安，自然也会加速回收融资。最终导致经济运行面临越来越紧张的信用环境，下行的压力只会增大、不会放缓。

因此，2015年年底的中央经济工作会议坚定确立了"三去一降一补"任务，即去产能、去库存、去杠杆、降成本和补短板五大任务，就是要遏制中国经济滑向"债务——通缩"陷阱的趋势。之后在"去产能"下，通缩压力得到了明显缓解，2016—2018

年间的 GDP 平减指数为 1.2%、4.1% 和 5.4%；而在"去杠杆"下，负债率上升趋势也得到暂时遏制，银行业总资产余额占 GDP 比重在 2016 年升至 314% 后连续两年回落，2017 年降至 308%，2018 年进一步降至 292%；但经济下行压力还未得以扭转，截至 2018 年第四季度，GDP 增速已降至 6.4%。

比较下来，对于未来中国经济而言，我认为中国还要在"Double-D"的路上走相当长的时间：第一个"D"是经济降速，即 decelerate；第二个"D"是指全社会债务的增加，即 debt。当然，这段路走好了，比如说结构调整实质性推进了，新的增长点出现了，那么结果就将是一个好 D——developing。但若没有利用好"Double-D"争取出来的时间，那么未来必定是一个更坏的 D 在等着我们——down，因为你始终无法通过债务来解决债务问题。

债务的意义

观察中国债务问题，除了在宏观层面对债务规模以及债务在各部类间的分布等方面进行分析之外，更需要从微观的视角来观察债务变化情况，因为此事事关我们每位社会成员福利水平的变化。

首先，个人为什么会负债?

一种情况是，微观个体资金流出现暂时性的周转困难，需要借助外部融资来渡过难关。另一种情况是，个人通过融资，进行相关的资金资产配置，以期带来超过债务利息的回报。简单说，就是通过借钱来赚钱。

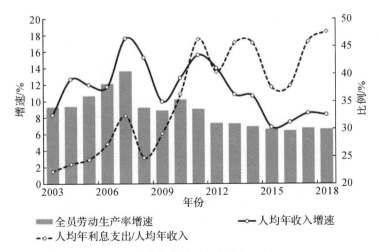

人均视角下的债务透视

数据来源：国家统计局、中国人民银行

不管哪一种情况，前提都是外部债权人愿意提供融资，抛开江湖救急、友情融资这些常情不提，正常情况下，债权人之所以肯把钱借出去，不外乎是看重融资能够带来的回报。

那么中国的实际情况又如何呢？

在本次全球金融危机前，中国经济曾经历了一段两位数的高增长期——2003—2007 年，增速连续 5 年超过 10%，实际年均增速达 12%。与此同时，劳动生产率也持续向上，根据国家统计局公布的数据，2003 年我国全员劳动生产率增速为 9.3%，到 2007 年已升至 13.7%，同期人均收入增速由 2003 年的 8.3% 升至 2007 年的 17.6%。

可见，在该阶段，无论宏观经济运行，还是微观经济福利，均是大幅改善的。由于各方的预期都很好，虽然当时债务行为也大量发生——债务总量的年均复合增速高达 22%，但作为主要财务负担的利息支出，其占收入的比重仅上升了 10 个百分点，由 22% 升至 32%。即在收入增长的保证下，个人的债务负担并未变得十分沉重。

2008 年，全球金融危机爆发后，中国经济增速开始趋势性下降——2012 年跌破 8%，2015 年跌破 7%，2018 年进一步降至 6.4%。全员劳动生产率和人均收入的增速更是双双腰斩，全员劳动生产率增速由 2007 年峰值的 13.7% 跌至 2018 年的 6.6%，人均收入增速由 2007 年的 17.6% 降至 2018 年的 8.4%。而且利息支出占收入的比重更是大幅提高，截至 2018 年年末已升至 48%，高出危机前 16 个百分点，同期中国人均债务余额也由

2007 年的 2.7 万元升至 16.2 万元。由此可见，危机以来微观个体的福利是急速恶化的。

本来伴随全球金融危机的爆发，经济开始趋势性下行，劳动生产率持续下降，相应市场预期也由乐观转为悲观，这些变化必然致使融资回报率出现下滑。而债务增长越快，"有利可图"的债务行为的比重就会越低，相应个体融出方的金融风险无疑是显著增大的，而融入方的财务负担则在持续加重。因而对于微观经济主体而言，收缩债务是理性的选择。可是，危机后中国债务并未受限，反而增速更快，2008—2018 年债务年均复合增速高达 18% 左右，高出危机前 5 个百分点。这就是近年来中国经济的诡异之处，结果则是中国债务的效率越来越低。长此以往，很难确保不出现大规模违约行为，甚至是危机。实际上自 2014 年以来，中国债券市场就陆续发生违约事件，2018 年更是产生了集中违约潮，当年有 1200 亿元的债券违约。

但贸然釜底抽薪，人为收紧债务环境，又是不可取的。毕竟本次全球金融危机后，负债融资"救命"的成分大幅上升，突然收紧银根，只能催化经济的硬着陆。因此，中国经济再次进退维谷，仅仅靠宏观调控的逆周期调节已经很难让问题缓解，相应只能依靠深化供给侧结构性改革，才能扭转处于下滑态势的劳动生产率曲线。

金融搞好了吗？

截至 2018 年年末，银行业资产余额已达 261.4 万亿元，由此可计算出，过去 15 年间，中国银行业资产规模增加了 8 倍多（2003 年年末银行业资产余额为 28 万亿元），显著高于同期 GDP 的 5 倍增长。

可以说，过去 15 年是金融大增长的 15 年。改革开放的总设计师邓小平 1991 年春节视察上海时，说过"金融很重要，是现代经济的核心。金融搞好了，一着棋活，全盘皆活"。从数据看，第一句话无疑已经实现，金融在我国经济中扮演着日益重要的角色。

问题是，已经搞大的金融，搞好了吗？总设计师的第二句话实现了吗？

说实话，很难回答。因为对于金融好不好的判断标准，尚未有共识，我只能试着选 3 个指标来尝试回答。

指标 1：剔除金融业增加值的 GDP 名义增速。这个指标是想粗略地观察实体经济的增长趋势。危机前（2003—2007 年）实体经济名义增速平均在 17%，危机爆发初期的 2009 年一度跌至 9% 以下，随后在"一揽子计划"的刺激下，快速回到 18%。但自 2012 年之后，实体增速就一路下滑，到 2018 年已降至 10%（2015 年曾降至 6%），剔除通胀因素后，2018 年实体经济的实际增速低于 7%（2015 年曾降至 6% 以下）。

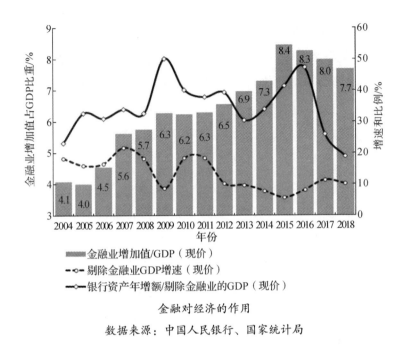

金融对经济的作用

数据来源：中国人民银行、国家统计局

指标 2：银行业资产年增规模占剔除金融业增加值的 GDP 的比重。这个指标反映的是金融对于实体经济的拉动效果。危机前（2003—2007 年），这个占比平均为 30%。换句话说，就是 1 元的金融投入能够带来 3 元的 GDP 增长。而到了 2016 年，该比值一度升至 47%，即 1 元金融投入只带来约 2.1 元的 GDP 增长，显示金融对于实体经济的贡献越来越低。之后在"去影子"的金融强监管之下，截至 2018 年该比值快速回落至 20% 以下，但是否会出现反弹，尚待观察。

指标 3：金融业增加值占 GDP 的比重。这个指标是想看看金融在整体经济中的分量。危机前（2003—2007 年），金融占经济的比重平均在 4.5%，同期第三产业占 GDP 的比重稳定在 42%。截至 2018 年年末，金融业增加值占 GDP 的比重为 7.5% （2015 年曾升至 8.4%），第三产业占 GDP 的比重升至 53%。一方面，说明我国经济结构确实发生了变化；但另一方面，金融升、实体降也是实情，即"金融空转"还是很严重。

通过上述指标，反映出了一个客观事实：总设计师的第二句话，还没有完全实现。一味地让金融单兵突进，经济运行中的不确定和不稳定因素只会越来越多，实体经济长期低迷的局面也很难扭转，经济转型就更是无从谈起。

好在决策层有关"金融活，经济活；金融稳，经济稳。经济兴，金融兴；经济强，金融强。经济是肌体，金融是血脉，两者共生共荣"的最新表态，让我们看到经济与金融关系的重塑，也让总设计师的第二句话可能成真，不然"中等收入陷阱"一定会不期而至。

金融的缰绳

评判经济运行的风险时，通常的做法首先是观察金融部门的变化，而在上节，我们确实已经观察到本次危机以来，中国金融升、实体降的实情，即"金融空转"很严重。但这一判断仅仅基于金融和实体在经济中分量相对变化的分析，至于伴随金融扩张，金融部门内部的变化情况尚未涉及，然而此结构性变化无论是对金融风险的评判，还是对经济风险的评判，均十分重要。因此，这里提供一个观察此变化的指标——金融部门资产负债表的变化。

为了便于观察，我将所用指标 2004 年年底的数据均设定为基数 100，然后依时间序列将数据换算成指数。例如，下图将 2004 年 GDP16.18 万亿元定为基数 100，那么相应测算 2018 年 91.93 万亿元的 GDP 就为 568，即（91.93÷16.18）×100=568。

本分析共选取了 5 个指标：GDP、央行资产余额、央行外汇资产余额、其他存款机构资产余额和其他存款机构间金融往来产生的资产余额。

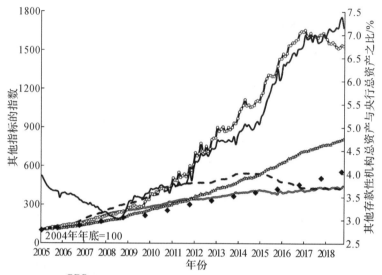

中国金融部门资产[1]增长情况

数据来源：中国人民银行、国家统计局

　　首先，观察央行资产扩张的速度。央行资产规模由2004年年末基数的100升至2018年年末的449，14年间扩大了近4倍。推动其扩张的因素，分为两个阶段。2014年4月之前，央行资

――――――――

1　其他存款机构包括五大国有商业银行、三家政策性银行、股份制银行、合作金融机构、邮储银行和财务公司。金融往来包括对其他存款性公司债权和对其他金融机构债权，即银行与保险公司、证券公司、基金、信托等金融机构之间业务往来而产生资产。

产扩张的主因是外汇资产的增加。2005 年汇率改革之后，在人民币升值预期的推动下，人们都选择持有人民币，同时将外汇卖掉。央行作为人民币唯一的提供方，只能被动接受外汇（2014年 4 月，外汇资产占央行资产的比重为 83%），同时增加人民币的供给。

2014 年下半年以来，伴随人民币升值预期的逆转，出于同样的逻辑，央行的货币供给也开始自动回落，同时外汇资产缩水。例如，央行外汇资产规模指数从峰值的 544 回落，截至 2018 年年末已降至 423，相应央行资产规模指数也在 2015 年 2 月升至416 后，出现连续 10 个月的回落，2015 年年末降至 383。之后出于对货币供给的正常量的保证，央行通过再贷款、再贴现和创设工具（MLF、PLF 等），开始增加基础货币的投放，相应央行资产规模指数开始重回扩张状态。

其次，比较央行资产规模指数和 GDP 指数。两个指数的曲线大体是重合的，由此可以从规模上判断，央行的资产规模变化与经济运行的情况没有发生明显脱节。

最后，比较央行与商业金融机构（如商业银行）资产变化的方向。作为货币的发行者，央行是货币信用的第一推手，也是唯一推手。理论上，央行资产扩张或是收缩，也指示了商业银行资产负债表变化的方向。比方说，如果央行的总闸收紧（资产负债表缩表），商业银行在大方向上也要缩表，不应该与央行出现长时间背离。

但值得注意的是，近些年来，这种背离在中国却成了常态。

2012 年起，我国商业金融机构的资产规模扩张速度明显超过央行，即便在 2015 年，央行一度缩表，商业银行不仅没有跟进，其资产规模反而加速扩张。反映到数据上，就是其他存款机构的资产规模指数由 2004 年年末的 100 升至 2018 年年末的 813，14 年间扩大了 7 倍。

众所周知，本轮金融危机以来，欧洲和日本货币当局大力扩表，无非是为了刺激金融机构扩张资产规模，增加对非金融部门的融资支持，进而提振经济。而在中国，情况恰恰相反。货币当局缩表，而商业金融机构扩表，那么，这一差异是否表明我国金融机构天生具备逆周期动机，对于支持实体经济具有天生的基因呢？答案显然不是。

数据显示，在商业银行扩张资产的同时，它们给予非金融部门的融资占其总资产的比重非但没有上升，反而由 60% 降至 52% 左右，同期大幅增加的是金融机构之间的业务往来所占的比重——由 10% 升至 25%。2005 年以来，这类资产规模已经扩张了 14 倍还多，从一个侧面印证"金融空转"的严重程度。

当然，刺激金融机构之间的业务往来的因素有很多，比如利率市场化、金融"脱媒"、金融市场发展和开放、监管政策变化等，不能说都不好。但问题在于，在经济下行、结构调整的当下，金融机构间业务往来"一骑绝尘"，时机是否得当？从"一骑绝尘"到"一匹脱缰的野马"究竟还有多远？

"钱荒"的逻辑

如前文所析，本次全球金融危机以来，与发达国家金融收缩不同，中国金融反而出现了"异常扩张"。然而与扩张同步，中国金融市场也出现了一个前所未有的市场变化——"钱荒"。

"钱荒"最早出现于 2013 年 6 月，当时受补缴法定准备金、外汇市场变化、端午节假期现金需求、企业所得税集中清缴、资产扩张偏快和同业业务期限错配等因素叠加影响，货币市场发生了一场流动性紧张事件，资金利率大幅飙升。2013 年 6 月 20 日，7 天回购利率（金融机构之间有抵押物的资金往来利率）一度升至 12%，该利率历史均值仅为 2.6%，而信用评级在 AA 的民营企业发行一年期债券的利率则高达 10% 左右。

2016 年年末，债券市场因某证券公司"萝卜章事件"，再次出现了"钱荒"，据报道，卷入事件的机构至少有 22 家，涉及债券金额远超百亿元。受此影响，市场一度出现信用踩踏，市场利率大幅波动，当时市场流动性紧张程度虽不及 2013 年的"钱荒"，但在"萝卜章事件"的催化下，7 天回购利率也曾升至 4%以上（该利率 2016 年全年均值仅为 2.55%）。受此影响，不少企业取消了原定的发债计划，原因也很简单：要么是担心市场融资难度上升，债券发行失败；要么是融资利率太高，难以接受。

通常而言，无论触发因素是什么，资金市场频繁出现异常波动，一般就预示着离危机状态越来越近。而目前中国经济依然面临较大下行压力，化解此问题恰恰需要稳定的金融市场给予支撑，还需要为实体企业营造合意的融资环境，而且我们还有"不发生系统性金融风险"的底线要求。每次"钱荒"出现之后，有关部门均会出手纠偏，但这种纠偏始终是被动应对。因此，预判"钱荒"发生的概率和窗口期就显得特别重要。如果是小概率事件，央行就没必要放水；如果市场波动趋向失控，则有关部门可以及时调控，而不至于投鼠忌器，陷于被动。

那么，究竟如何预判，"钱荒"的逻辑又是什么呢？一个朴素的解释是，在市场资金价格异动的背后，资金供求一定发生了

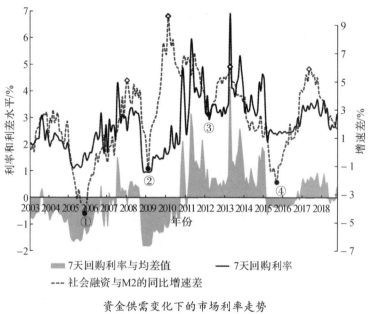

资金供需变化下的市场利率走势

数据来源：WIND、作者计算

变化。

这里，资金的供求分别用广义货币供给（M2）和社会融资总量（TSF）来观察，资金价格则选取具有风向标意味的7天回购利率。

上图显示，在资金价格明显偏离均值之前一年左右的时间，资金供求关系均发生了方向性变化，即资金需求增速（TSF）与货币供给（M2）增速的差出现拐点。最为明显的有四次：2006年1月、2009年4月、2012年5月和2015年11月，依次对应着资金价格大幅异变的2006年11月、2011年1月、2013年6月和2016年12月。

前两次市场没有出现"钱荒"，这与当时人民币单边升值的状态有关。由于外汇占款持续增加，人民币处于被动过多的供给状态，所以人民银行不仅没有释放流动性，反而还要频繁上调法定存款准备金率，对过多的流动性进行边际对冲。反之，只要央行稍微减弱对冲力度，资金价格就会随之回落。所以虽然资金供求已经出现拐点，但资金价格却不至于失控以致"钱荒"。

但到后面两次，人民币已结束单边升值，转入双向波动阶段，相应外汇占款趋势性减少，货币供给完全依赖人民银行来调控。即市场的流动性，央行给就有，不给就"荒"。也就是说，当资金供求出现拐点，资金价格要维稳，人民银行就得做加法，释放流动性。一旦央行在"去杠杆"的思路下，不能及时向市场补充流动性，就很容易影响市场预期，如果再出现"萝卜章事件"这样的突发，更会引发恐慌，以致有钱的机构"高筑墙、广积粮"，没钱或缺钱的机构挤兑、违约、踩踏。

　　以上就是数据所呈现的"钱荒"的逻辑，这并非要反对"去杠杆"或是建议有关部门开闸放水。因为在发现"钱荒"先行指标的同时，我们也看到资金供求的周期性变化，由此不可避免地回到一个老生常谈的问题——货币政策只能解决总量问题。

　　当资金供求发生逆转，补充流动性固然必要，却不足以挽救整体经济的基本面。如果"强按牛头喝水"，非要用货币政策解决结构矛盾，那也只能承受由此带来的调控成本，比如"高杠杆"，比如"钱荒"。

"猴"不起的人民币资产

本次危机以来，中国金融实现了跨越式发展，金融市场的深度、广度和对外的开放程度均较危机前有了大幅提高。逻辑上讲，在这样的市场背景下，人民币计价的资产价格应该有不错的表现才对，但实际情况却非如此，除了房地产持续处于涨势之外，其他人民币计价的金融资产更多表现出的则是"猴性十足"。

以人民币现金、债券和股票为例，危机爆发以来，这三类资产价格长期走势的共性就是波动剧烈。为了更清晰地观察，我选取了沪深 300 指数、人民币兑美元在岸即期汇率（CNY）和 10 年期国债收益率三个标志性指标，以此三个指标 2009 年 12 月 31 日的收盘价为基点（100），对三个指标的具体数值进行指数化处理。

2010—2014 年，虽然人民币汇率保持着单边升值态势，累计升值幅度超过 10%，但同期人民币计价的债券价格和股票价格却呈现趋势性下跌，沪深 300 由 3600 点上方曾一度跌至 2000 点下方，跌幅超过 40%，10 年期国债收益率则最高触及 4.72%[1]。在该阶段，中国经济最重要的事情就是顺利退出反危机的刺激政策和确立危机后经济运行的新常态，其间经济增速由 12% 上方降至 7% 附近，第三产业的经济占比超过了第二产业。因此，该阶

1　债券收益率与债券价格成反比关系，即债券收益率上升意味着债券价格下跌。

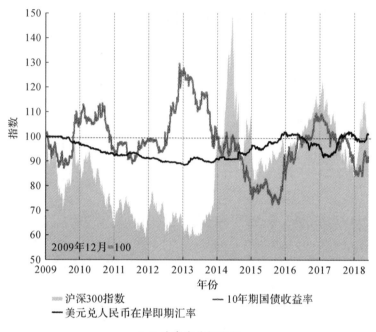

数据来源：中国人民银行

人民币资产价格变化

段人民币计价的金融资产价格主要是受政策转向和经济结构变化的影响。

　　但 2015 年之后，汇率、利率和股指三大类资产价格双向波动的趋势逐渐确立，其间曾多次出现"股、债、汇三杀"（即汇率、债券和股票同步下挫），并且对投资者资产配置的战略选择产生了不可估量的影响，而造成此变化的原因极为复杂。但从结果而言，"股、债、汇三杀"的频现一定会影响投资者的情绪和实际行为，一旦投资者形成战略上远离人民币资产的预期，那么对于中国经济而言，事情就将十分棘手，扭转起来也会十分困难。

另外，金融市场的波动性是一把双刃剑。一定的波动性虽然会提升市场活性，增加投资者的交易机会，但若波动性大到投资者无所适从，再加上政策定力不足引发的扭曲异化，只会让投资者愈发趋于保守，最终选择远离。

对于当前中国经济而言，人民币资产价格一定"猴"不得，也"猴"不起。为此，稳定投资者预期至关重要，也十分必要，其中既包含了对经济前景的信心，也包含了对政策效率的信任，更包含了对坚持市场化改革的期望。

曲折的"脱媒"之路

　　经济运行的大幅波动往往意味着潜在的金融风险正在积聚，若经济下行压力也持续加大，那么爆发系统风险的概率无疑会提高，即"潮水退去之时，就是裸泳者露出水面之时"。

　　对于中国而言，由于是以银行信贷主导的间接融资为主的融资结构，所以金融风险更集中，造成的伤害也更大。20 世纪 90 年代中期发生的亚洲金融危机，中国银行业资产质量快速恶化至"技术性破产"[1]，就是鲜明的例子。为了实现风险的分散化，长久以来，提高直接融资的比重一直就是中国金融改革的目标之一，即提高非金融企业的债券融资和股权融资比重。

　　例如，2012 年 9 月 17 日由"一行三会一局"联合发布的《金融业发展和改革"十二五"规划》就提出，"到'十二五'期末，非金融企业直接融资占社会融资规模比重提高至 15% 以上"。但实际上在 2012 年 9 月末，非金融企业直接融资占社会融资规模

1　"当时很多国际国内主流媒体对中国金融都有非常严峻的描述，比如'中国的金融是一个大定时炸弹，随时都可能爆炸'，'中国的商业银行技术上已经破产'。当时，大型商业银行报告的不良资产率是 25%，市场的估计基本在 35% ~ 40%。还有一些人指出，如果按照贷款的科学分类，大型商业银行的不良资产比例可能超过 50%。这很大程度上使得国际国内很多人对中国银行业的发展比较悲观，失去了信心，外资也不敢进入中国金融业。"《大型商业银行改革的回顾与展望》，周小川，2012 年。

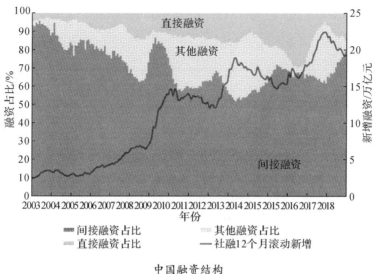

中国融资结构

数据来源：中国人民银行，国家统计局

比重就已经达到了 16.2%，其中债券融资占 14.1%、股票融资占
2.1%。可见"十二五"规划的目标仅仅是对实际情况的事后确认，
当时中国经济一年实际的社会融资总量约在 16 万亿元，融资结
构大体上是：信贷融资占到近 7 成，直接融资占到 3 成，其他融
资不到 1 成。

　　但随后发展并未如预期那样——直接融资比重持续提升、间
接融资比重持续回落，实际情况是以影子融资为主的其他融资大
幅波动，带动社会融资出现史无前例的起伏，进而对经济运行产
生不利影响。而且伴随其他融资的波动，直接融资呈现出此消彼
长的变化趋势，即直接融资和其他融资呈反向变化关系。

2012 年 8 月，其他融资占社会融资的比重由 18% 开始持续上升，到 2013 年 8 月占比已升至 34%，一年的时间比重提高了 16 个百分点，而同期社会融资一年的投放规模由 13.5 万亿元升至近 19 万亿元，年增幅超过 40%。其间中国金融市场出现了首次"钱荒"，之后在监管政策转向下，其他融资条件开始收紧，占社会融资的比重也持续回落，由 2013 年 8 月的 34%，最低降至 2016 年 7 月的 3%，3 年间累计下降 31 个百分点，平均每年下降 10 个百分点，同期社会融资一年的投放规模也由 19 万亿元降至 15 万亿元，年降幅为 7%。

由于 2016 年宏观经济有"筑底"的诉求，对其他融资的监管政策开始松动，其他融资再一次增长，占社会融资的比重由 3% 持续升至 2017 年年末的 32%，同期社会融资一年投放规模也由 15 万亿元升至 22 万亿元之上。之后在"去杠杆"的金融监管下，其他融资再次收紧，截至 2018 年年末，占社会融资比重已降至 6%，但与上次不同，在间接融资的支撑下，社会融资一年的投放规模仅由 22 万亿元降至 19 万亿元。

按照教科书定义及欧美经验，金融"脱媒"是金融发展的趋势，即资金供给与需求双方不再通过银行体系这一传统媒介，而是通过一些新机构或新手段，这一过程往往伴随直接融资比重的提升。然而我们的数据显示，似乎中国的金融"脱媒"，并不总和直接融资变化处于一条平行线上。

原因何在？

《因果经》说：欲知过去因者，见其现在果；欲知未来果者，见其现在因。

我想原因就在于，中国在本轮危机中采取独特的反危机措施，即中央政府的反危机策略选择通过向地方政府下放金融配置权来拉动经济。而此举实际上意味着中央对地方投资饥渴症和财务约束的放松，因此出现了融资平台、影子银行快速扩张引发的金融"脱媒"。而这些金融变化带动家庭居民金融介入程度的加深，又进一步加剧了社会融资结构的变化，导致近年来"金融和实体冷热不均"的异化，甚至某种程度上加重了资金"脱实向虚"的趋势。所以，我们就看到了金融监管的频繁变向，而每一次变向都付出了不小的代价。

因此，中国金融的"脱媒"之路的确特殊，就像天气，天气变了，我们会适应性地增减衣服——"天冷加衣，天热减衣"。但如果仅仅依靠看日历穿衣服，那不生病才怪。对于中国金融的"脱媒"，这个道理一样适用。监管政策如果不结合实际，那么一定会产生飞镖效应[1]，对经济运行也必然产生副作用，近年来其他融资的起伏不定就是最典型的案例。

1　飞镖是古代捕猎的一种巧妙武器，它沿着一条弧线飞出去，而后再继续沿着弯曲的弧线折回来，重新回到猎人的手里。在社会心理学上，把行为举措产生的结果与预期目标完全相反的现象，称为"飞镖效应"。这好比用力把飞镖往一个方向掷，结果它却飞向了相反的方向。该理论由心理学家纳季控什维制首先提出。

"去杠杆"有完没完?

2015年中央经济工作会议确立了"三去一降一补",就随后的落实情况而言,首先见成效的是"去产能"。我国PPI自2012年3月开始,进入负增长状态,一直延续了54个月。伴随"去产能"任务的明确,2016年9月PPI就转正了,而且之后一路向上,短短7个月内涨幅直接恢复至8%(PPI的历史峰值是10%)。

继"去产能"之后,政策力度最大的无疑就是"金融去杠杆",尤其是2017年4月以后,银监会在短短两周之内连发八个文件,强势表示金融监管的态度就是"去杠杆",之后还组织开展了"三三四十"[1]等系列专项治理行动。时任央行金融稳定局局长的陆磊当时在《学习时报》撰文指出,"过快增长的杠杆率是(金融)系统性风险的主要隐患",而"控制杠杆必须控制货币,货币是引导预期的总闸门"[2]。时任央行金融研究所所长的孙国锋也指出,"系统性风险最危险的内生性源头,是金融中介机构通过信贷杠

---

[1] "三三四十"是指三违反、三套利、四不当、银行业存在的十个方面问题。其中,"三违反"即违反金融法律、违反监管规则、违反内部规章;"三套利"即监管套利、空转套利、关联套利;"四不当"即不当创新、不当交易、不当激励、不当收费;"十个方面"即股权和对外投资方面、机构及高管方面、规章制度方面、业务方面、产品方面、人员行为方面、行业廉洁风险方面、监管履职方面、内外勾结违法方面、涉及非法金融活动方面。

[2] 陆磊,《建立宏观审慎管理制度有效防控金融风险》,《学习时报》,2017年4月5日。

杆和过度风险承担引起的金融失衡"[1]。

可见，当年监管部门对于"金融去杠杆"态度和力度都是空前的，但如何判断"金融去杠杆"的合意程度，至今却未有共识，判断依据的指标也不如"去产能"那么清晰，然而这个判断又十分重要。为此，我做了初步尝试。

首先，关于"金融高杠杆"的含义，我的理解主要包括两层意思。狭义地讲，就是非银行类金融机构负债率高，负债与资产期限错配严重的问题；广义地讲，则是商业银行与央行资产比例关系的失调。为此，我对于如何判断"金融去杠杆"合意程度问题的答案是：只要出现商业银行与央行资产比例曲线向货币乘数曲线的收敛，则"金融去杠杆"就已见成效。因为中央银行是金融体系向全社会提供融资的发动机和总开关，同时它通过对基础货币的吞吐及货币乘数（广义货币／基础货币）的干预，间接影响金融体系的资产负债规模和结构，进而实现对全社会货币总量的调控。

2008年全球金融危机之前，受人民币汇率单边升值影响，我国外汇占款持续增加，以致央行对基础货币的调控基本失效，只能通过连续提高法定准备金率以降低货币乘数的办法，来调控全社会的货币总量。也就是下图中①和②时期发生的事情。即便如此，在这两个时期，商业银行和央行资产比例关系曲线依然能够被包络在货币乘数曲线内，说明央行还是能够通过自身资产负

1　孙国峰，《货币当局应如何防控系统性金融风险》，《财新周刊》，2017年第12期。

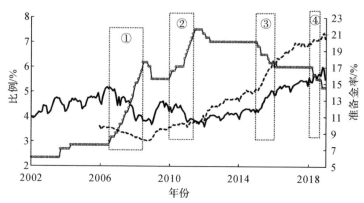

金融"去杠杆"三率

数据来源：中国人民银行

债表来控制和引导商业银行体系资产负债表。

①为 2006 年 7 月至 2008 年 6 月，法定存款准备金率由 7.5%
上调至 17.5%。

②为 2010 年 1 月至 2011 年 6 月，法定存款准备金率由
15.5% 上调至 21.5%。

③为 2015 年 2 月至 2016 年 3 月，法定存款准备金率由
20% 降至 17%。

④为 2018 年 4 月至 2019 年 1 月，法定存款准备金率由
17% 降至 13.5%。

然而，2011 年 10 月以来，商业银行的资产负债表逐渐脱离
了央行的管控。即便是在③和④时期，央行多次降低法定存款准

备金率，相应快速提升了货币乘数曲线，而且也加强了对影子银行等的监管，仍未能令这种格局有所改观。金融机构之间的业务往来依然频繁，实体经济的融资难问题也未有扭转，而且非银行金融机构的杠杆率还在高位，中国金融的"庞氏骗局"味道越来越浓。因此，"金融去杠杠"就成为不得不做的事情。

但"金融去杠杆"的副作用也不应忽视，一是提高了金融市场的波动性，二是造成了市场流动性结构趋紧，两者均会导致利率上升，在一定程度上与"降成本"的宏观意图相冲突。而"杠杆"也不是越低越好，"金融去杠杆"的目的是让金融与实体更紧密，而不是脱节。因此，判断"金融去杠杆"的合意程度以此为标，就理所当然。

照此逻辑，"去杠杆"无非就是要改变商业银行体系与央行资产比例失调的局面，同时还要保证金融对实体经济的有效支持。反映到上图中，我认为，对标物就是货币乘数曲线，如果两条曲线逐渐趋同，那么"金融去杠杆"合意程度就差不多了。不过目前看，这一目标还远未实现。

银行究竟有多少"不良"？

　　每当一个经济体的增速持续下行，外界对其银行业的潜在不良情况就格外关注。例如，欧债危机爆发后，欧洲国家银行业的不良率快速上升，2013 年年末，葡萄牙、意大利、爱尔兰、希腊和西班牙银行业不良率已分别升至 10.62%、16.54%、25.71%、31.9%、10.62%。至今，欧洲也未完全从债务危机的泥潭中走出，除了西班牙外，其他几国银行业不良率依然在 10% 以上，而希腊银行业的不良率更是超过了 45%。

　　本次危机后，中国经济同样也出现减速，尤其是 2012 年经济增速跌破 8% 之后，下行趋势逐渐形成，至 2018 年年末已降至 6.4%，同时 2013 年第二季度至 2016 年第三季度商业银行不良率出现连续 13 个季度上升的局面。因此，一个很自然的问题：中国银行业到底有多少"不良"？

　　自 2003 年起，银监会开始公布商业银行的不良数据，2010 年后还公布银行业金融机构的不良情况，本书截稿时数据已公布至 2017 年年末，由此我们就可以估算出包括潜在不良在内的银行业整体不良规模。

　　由图中可知的三个数据变化：

　　1. 存量方面。截至 2017 年年底，中国银行业不良贷款余额约 2.4 万亿元，不良贷款率为 1.9%。其中，商业银行不良贷款余额 1.7 万亿元，不良贷款率为 1.74%；商业银行之外银行业机构

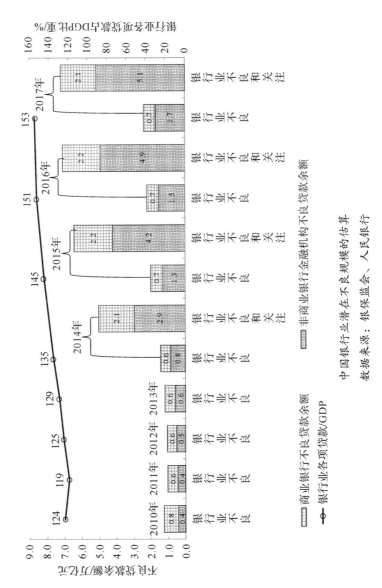

数据来源：银保监会、人民银行

不良贷款余额 0.7 万亿元，不良贷款率为 2.48%。

2.增量方面。2013—2017 年银行业不良贷款余额分别增加 1016 亿元、2573 亿元、5290 亿元、2311 亿元和 1957 亿元，同期银行业贷款分别净增 9.3 万亿元、10.2 万亿元、12.6 万亿元、12.7 万亿元和 13.6 万亿元，相应新增不良占新增贷款的比重依次为 1.1%、2.5%、4.2%、1.8% 和 1.4%，之前该比值一直低于 1%。

3.潜在不良方面。如果将关注类贷款视作未来可能的不良的话，2017 年年末银行业不良和关注类贷款合计规模升至 7.2 万亿元。

上述三个数据变化均指向一个方向——中国银行业的不良资产已经进入快速暴露阶段。

此外，2012—2017 年，我国银行业的贷款余额由 68 万亿元增至 126 万亿元，贷款占 GDP 的比重由 125% 升至 153%，升幅近 30 个百分点。信贷资产如此高速地增长，逻辑上也一定存在资产质量下降的趋势，所谓"萝卜快了不洗泥"。

简单对上述估算总结一下，目前，中国银行业不良贷款的实际规模应该在 3 万亿元至 8 万亿元，不良贷款率在 2% 至 7%，真实不良贷款占 GDP 的比重则在 3% 至 9%。

除此之外，按照世界银行的统计数据，我们还可以对全球主要经济体银行业的变化情况进行横向比较。

以 G20 为例——

1. 2007 年中国银行业的不良率列第 1，2017 年已经降至第 11，低于意大利、俄罗斯、印度、巴西、法国、土耳其、南非、印尼、墨西哥和阿根廷。

2. 2007 年中国银行业提供给私人部门的贷款与 GDP 比值位列第 7，2017 年升至第 3，仅次于美国和日本。

3. 2007 年中国银行业杠杆率（银行业资产 / 资本）排第 8，2017 年降至第 10，低于沙特、印尼、美国、阿根廷、土耳其、俄罗斯、墨西哥、巴西和南非。

上述"两降一升"显示，我国银行业在国际横向比较中的成绩还可以。

通过上述纵向和横向的比较，我们的现状是隐忧重重，但还不至于最差。那么，未来呢？欧洲国家的前车之鉴告诉我们，无论是主动去杠杆，还是被动去杠杆，银行业均会经历资产增长慢、不良暴露快的"痛苦"时期，中国银行能否幸免呢？但愿能幸免吧。

银行的苦日子

前文曾说到，如今在中国，"有利可图"的债务行为的比重已经越来越低，那么真正"有利可图"的债务创造者是谁呢？毫无疑问，在中国主要就是商业银行。目前我国的社会总融资中，银行提供的信贷类融资的比重依然高达 7 成。

与金融业的扩张同步，银行业金融机构多年来一直也是高盈利行业，2003 年其税后利润仅为 323 亿元，到 2007 年已高达 4467 亿元。即便在本次全球金融危机爆发后，中国银行业依然保持着较好的盈利增势。截至 2017 年，银行业金融机构税后利润已超过 2.2 万亿元，2003—2017 年其税后利润年均复合增长率逾 35%。

不过自 2015 年起，银行业的好日子开始发生拐点性变化。不仅维系多年的两位数利润增长态势已经结束，而且其资产负债结构和资产质量的变化，还在深刻地影响其盈利能力，2015—2017 年银行业金融机构税后利润增速依次为 2.4%、5% 和 6.1%。

首先，银行不良资产进入快速暴露的阶段。按照我在上节的估算，截至 2017 年年底，中国银行业的潜在不良资产已超过 7 万亿元，较 2014 年年末净增加了 2.2 万亿元，这还未考虑不良资产的核销因素。例如，按照人民银行公布的社会融资数据，仅 2017 和 2018 年银行业核销不良规模就分别高达 7586 亿元和 10151 亿元。如果考虑已经核销的不良，2015—2018 年商业银行新产生的不良资产规模不会小于 6 万亿元。与不良资产快速累积相对应，银行业资产的整体回报率一定是下降的，因为不良资产不仅不产生收益，还要占用商业银行有限的资源。

其次，银行业资产负债结构的变化，导致银行负债成本的提高，进而收窄了银行利差（银行资产收益率 – 负债成本）。例如，截至 2018 年年末，银行业理财余额仍然超过 22 万亿元，2017年时曾一度超过 30 万亿元。一般说来，银行理财资金成本要高出存款成本 2 ~ 3 个百分点，"存款理财化"无形中提升了银行整体负债成本和负债资金的管理成本。另外，银行业负债中还有20% 的同业负债，这部分负债成本也要远高于银行一般性存款的成本。目前银行业净利差已趋势性地低于 3% 了。

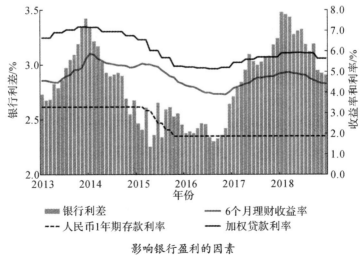

影响银行盈利的因素

数据来源：中国人民银行

一边是自身资产质量下降，另一边是净利差收窄，银行业的高盈利模式已经难以为继，"苦日子"真的来了。值得一提的是，宏观层对"去杠杆"的态度坚决，实际上也就是否决了商业银行通过新增资产来缓解前期存量问题的可能。

随之而来的一个问题：银行业的"苦日子"对宏观经济意味着什么？

一个看得到的直接后果是，融资环境的"紧"。虽说贷款利率不断下调，但实体经济要借到钱却没那么容易了，微观个体之间对资金要素的争夺也日益激烈。理想的情况是，在竞争中实现优胜劣汰，以银行业为首的金融资金实现与其他生产要素的优化组合，进而带动一大批代表新经济方向的实体经济快速成长。而这也正是我国结构性改革的目的之所在。

当然，如果搞得不好，银行业的"苦"也可能加剧实体经济的"寒"（实体经济融资困难，创新、创业沦为空谈，等等），甚至是"伤寒症"。虽然现在我们尚不能判断结局是好是坏，但可以断定，中国经济要想扭转颓势，这一关必须得过。

第四章

央行的时代

本章导读

在新世纪的前 20 年，我们依次经历了危机前的"经济大缓和""百年一遇"的金融海啸和反危机应对后的"超宽松货币环境"，而作为本次危机应对的产物，我们正处在一个史无前例的"大央行时代"。然而，伴随全球经济逐渐从危机状态中摆脱出来，相应各国面临的难题也由反危机转为如何有序地从超宽松的大央行时代回归至常态。其中美联储于 2015 年 12 月至 2019 年 7 月的加息[1] 和缩表[2] 操作、人民银行于 2010 年至 2018 年先后实施的三轮去杠杆[3]，均可视作对"回归的尝试"。而美联储中途暂停加

---

1 2015 年 12 月至 2018 年 12 月，美联储累计加息 9 次，其联邦基准利率由【0%，0.25%】升至【2.25%，2.50%】。

2 2017 年 9 月 20 日美联储宣布，从 2017 年 10 月开始，将国债每月缩减再投资上限定为 60 亿美元，在 12 个月内以每 3 个月增加 60 亿美元的节奏递增，直到 300 亿美元上限；MBS（机构类住房抵押贷款支持证券）最初每月缩减上限 40 亿美元，每 3 个月增加 40 亿美元，直到 200 亿美元上限。截至 2018 年 10 月，美联储每月减少国债和 MBS 再投资上限之和增至 500 亿美元，该上限将保持至缩表结束。

3 人民银行和金融监管层先后于 2010 年年初至 2012 年年中、2013 年年中至 2015 年年中、2017 年 10 月至 2018 年 11 月实施了三轮去杠杆。

息、停止缩表[1]，以及人民银行与金融监管部门对稳定宏观杠杆率取向的重新确认，则表明"回归的尝试"已经受挫。全球经济再次陷入了两难，潜在的金融风险仍在积累。

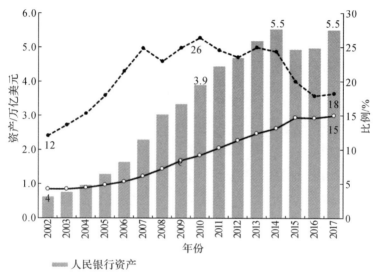

人民银行资产变化情况

数据来源：人民银行、金融稳定委员会（FSB）

---

[1] 2019 年 5 月 30 日，纽约联储宣布了缩表计划结束后的债券购买初步方案：从 2019 年 10 月开始，美联储将通过二级市场把联邦机构债券和 MBS 的到期本金再投资于美国国债，每个月的再投资上限为 200 亿美元，任何超出的金额将被再投资到机构 MBS 中。美联储在 2019 年 7 月末的议息会议上宣布提前 2 个月结束缩表，并在时隔 10 年后，宣布实施降息。

目前，全球的总货币供给中有近 20% 是由人民银行提供的，之所以规模这么大，一方面是中国经济的市场化进程尚未完成，在市场化过程中，需要有一个"超额"货币供给，来与不断进入市场中的各类要素对接；另一方面，作为本次全球联手反危机的主要央行之一，货币政策的全球协同需求和经济率先复苏的自身诉求，客观上也促成了中国货币的"超额"供给。

作为货币供给"超额"的结果，一是金融领域在大央行时代获得了史无前例的快速发展；二是经济运行体系中出现了一些超预期的"金融乱象"，系统性风险的"灰犀牛"特征也愈加明显；三是外部对人民币的评价（汇率）出现了脱离基本面的波动变化。

针对上述一系列变化，尤其是在回归尝试受挫之后，我们首先需要回答的问题就是大央行时代何时接近尾声？还有就是上述这些矛盾在未来是继续激化，还是有所缓解？为此，本章着重刻画了大央行时代形成过程中的客观变化实情。至于答案，也许就是黑格尔所言，"历史是一堆灰烬，但灰烬深处有余温"。

货币调控的"前半程"

虽然中国人民银行自 1984 年起就已开始专门行使中央银行职能，但真正的中央银行制度和机制却是在 1995 年后才成形的，标志就是 1995 年 3 月 18 日第八届全国人民代表大会第三次会议通过了《中国人民银行法》。由此推算，我国中央银行制度及货币政策的宏观调控机制至今也不过 20 多年的历史，与有着 100 多年历史的美联储、300 多年的英格兰银行和 130 年的日本银行相比，人民银行的调控经验无疑是"稚嫩"的，其对于现代经济运行体系下的中央银行制度和机制的理解和运用仍处于学习积累阶段，相应货币政策有效性的提升和政策机制的完善优化自然也存在着巨大空间。

2003 年修订后的《中国人民银行法》第三条规定："货币政策目标是保持货币币值的稳定，并以此促进经济增长。"所以货币政策本身的目标只有一个，那就是保持币值稳定。那么，什么是币值稳定？按我的理解，核心就两条：一是国内物价水平的稳定（通胀和通缩均为不稳定状态）；二是人民币汇率的稳定（单边的升值和贬值均为不稳定状态）。为了实现这一目标，中央银行就需要设立一些中间目标来监测货币政策的实际效果，并以此为依据来通过各种政策工具进行纠偏。但对中间目标的设立，各国的实际做法不尽相同，而且理论界对此也一直有争论。例如，凯恩斯主义者主张以利率为中间目标、弗里德曼主张以货币供给量为中间目标、托宾主张以股票价格为中间目标、布伦纳等人主张以基础货币为中间目标等。

目前，人民银行的中间目标是货币供给的增速，而且在每年年初，在经"两会"审议通过后的《政府工作报告》中，决策层均会对当年货币政策的取向和中间目标值予以明确[1]。2016 年之后，此目标值进一步增加了社会融资规模余额增速[2]。但 2018 年之后，《政府工作报告》就不再拟定广义货币供给 M2 增速和社会融资规模余额增速的具体目标值，2018 年仅明确"保持广义货币 M2、信贷和社会融资规模合理增长，维护流动性合理稳定"；2019 年则进一步对"合理稳定"的程度进行了定性描述，即"广义货币 M2 和社会融资规模增速要与国内生产总值名义增速相匹配，以更好满足经济运行保持在合理区间的需要"。

宏观层对货币政策目标值管理的变化，实际上已经反映出我国的货币调控机制正在发生深刻变化。不过，无论是否拟定具体目标值，货币政策的核心问题均是营造适宜的货币金融环境，提高政策的有效性。即货币政策取向和力度必须要与经济运行实际需要"适宜"，而观察"适宜度"就成为央行货币调控最为重要的一项工作。基于目前中国货币政策和经济运行的实际情况，我们可以通过观察 GDP 名义增速、GDP 实际增速和 M2 增速的变化，

1　2009-2015 年，广义货币供给 M2 增速预期目标值依次为：17%、17%、16%、14%、13%、13% 和 12%。

2　2016-2017 年，广义货币供给 M2 和社会融资规模余额增速预期目标值依次为：13% 和 12%。

来对货币政策有效性的强弱做出判断。

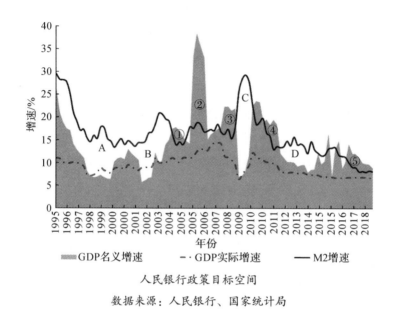

人民银行政策目标空间

数据来源：人民银行、国家统计局

观察1995年至今GDP名义增速、GDP实际增速和M2增速的走势，本次全球金融危机以来，我国的货币调控机制发生了两个显著变化。

变化1：在上图中危机前的①②③阶段和危机后的④⑤阶段，M2增速均低于GDP名义增速。其中，危机前的①②③阶段和危机后的④阶段，通胀压力均很大，GDP名义增速均大幅高于GDP实际增速，所以当时人民银行的主要任务就是通过收紧货币供给，降低M2增速，以实现控制通货膨胀水平的目的。就实际调控结果而言，此四个阶段央行的调控目标均得以实现，货币政策的有效性很强。

　　但在危机后的⑤阶段（2017年至今），经济运行中的通货膨胀压力并不高，甚至还存在一定程度的潜在通货紧缩压力。出于逆周期调控的考虑，人民银行持续放松银根，向金融市场投放了大量的流动性，但M2增速至今也未回升至GDP名义增速的上方，即出现了货币政策传导不畅的问题，表明货币政策的有效性正在转弱。

　　变化2：与通过收紧货币供给控制通胀相对应，一般而言，当经济运行面临明显下行压力时，尤其是GDP名义增速大幅下降，甚至低于GDP实际增速时，央行均会通过增加货币供给来拉动总需求。例如，上图中的A区域（20世纪末的亚洲金融危机期间）、B区域（21世纪初网络泡沫破裂和9·11恐怖袭击期间）和C区域（2008年全球金融危机期间），人民银行均大幅增加了货币供给，相应GDP增速也在M2增速的快速拉动下，实现恢复性回升，显示了货币政策的高度有效性。

　　然而，2012年第二季度之后，上述政策经验逐渐失效。最典型的就是图中的D区域，广义货币供给M2增速并未出现明显的收紧，但经济增速一路下滑，同时通缩压力上升（GDP名义增速比实际增速降得更快，2015年GDP平减指数曾一度降至零附近），人民币贬值压力增加[1]，即经济运行中出现了罕见的"一降

1　2012年人民币汇率的升值幅度由上年的4.7%大幅降至1%，2014年至2016年人民币汇率连续3年贬值，贬值幅度依次为2.4%、4.5%和6.6%。

双增"的情况。

　　与上述两个变化同期发生的，还有人民银行资产规模已由 2008 年年初的 17 万亿元增长至 2018 年年末的 37 万亿元，11 年间增幅接近 120%，年均增幅近 11%。虽然理论上，货币政策的有效性与央行资产规模无直接关系，但在货币政策有效性已大打折扣的现实面前，显然单纯依赖央行资产负债表收放的数量调控，已经很难营造经济运行所需的适宜货币金融环境。可以说，"大央行时代"货币调控的前半程已近尾声，相应"寓改革于调控"下半程的开启已箭在弦上。

大央行时代

1948 年 12 月，华北人民政府发出第四号公文，决定将华北银行、北海银行、西北农业银行合并为中国人民银行，并于 12 月 1 日起发行中国人民银行钞票，即人民币。

这大概可以算作中华人民共和国的第一个经济成就。与英镑、美元不同，人民币从一开始就是由国家信用背书的货币，从未与贵金属捆绑。此后近 70 年，人民币在全球货币体系中的地位快速上升。据世界银行统计，目前在全球广义货币供给中，人民币占了 2 成。

人民币的崛起，自然离不开人民银行的运作。不过，中国人民银行成为严格意义上的中央银行，却不是在 1948 年，而是在 1984 年之后的事。

1983 年 9 月 17 日，国务院决定"成立中国工商银行，承办原来人民银行办理的工商信贷和储蓄业务"。也就是说，在工商银行成立之前，人民银行既是中央银行，也是商业银行，既负责货币发行和金融管理，又具体从事各种业务经营。直到 1984 年 1 月 1 日工商银行成立，人民银行才成为实质意义上的中央银行。而它在法律上被确认央行的地位，则是在 1995 年 3 月《中国人民银行法》颁布之后了。

从全球第一家中央银行（1668 年瑞典国家银行）算起，央行制度已有 350 多年的历史。从这个角度看，人民银行还很年轻。

那么，为什么要设立中央银行呢，它是做什么的？

从历史上看，央行制度是银行危机的产物，旨在监管银行乃至金融业的运作，维护经济的良性运行。而其重要构件之一是货币供给，亦即发行信用货币，所以央行也叫"发行的银行"。我国的央行也不例外。

现行《中国人民银行法》规定，"中国人民银行是中华人民共和国的中央银行。中国人民银行在国务院领导下，制定和执行货币政策，防范和化解金融风险，维护金融稳定"。此外，"货币政策目标是保持货币币值的稳定，并以此促进经济增长"。人民银行推出的一切政策和工具，都紧紧围绕这两项使命。

那么，央行如何调试货币供给，其中有没有一个约束的机制？还是说，钞票想印多少就印多少？

在金本位的时代，央行的货币供给受其贵金属储备规模的约束，显然不能随心所欲。布雷顿森林体系瓦解后，货币与贵金属脱钩，但货币供给仍不"自由"。这其中有一个防止通货膨胀的自动约束机制，也就是说，央行在增发货币前，会对增发带来的通胀变化进行评估。而直到最近，中央银行的历史，几乎就是一部反通胀的斗争史。

具体到中国人民银行，也存在同样的约束机制——通胀压力大的时候，货币供给增速放缓。经济运行内生的供需曲线，就像弹性的绳索，束缚着央行的权力。

事情在 2008 年全球金融危机后发生了变化。"防通缩"渐渐取代"防通胀"，成了各大经济体的主要考量。一旦甩开"防

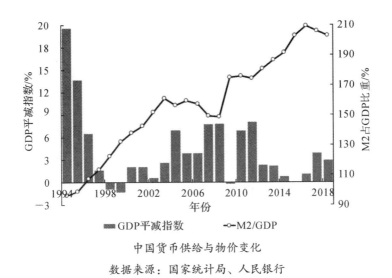

中国货币供给与物价变化

数据来源：国家统计局、人民银行

通胀"的绳索，央行们也就都放开了手脚——货币供给的马力越来越强，货币政策的目标不断扩充。

中国人民银行同样如此。从数据看，我国 M2/GDP（广义货币与国内生产总值的比值）由 2008 年的 149% 升至 2018 年的 199%（2016 年曾达 209%），平均每年提升近 5 个百分点，是我国央行制度形成以来最快的时期。从政策目标看，2016 年 6 月 24 日，时任人民银行行长周小川在华盛顿参加 IMF（国际货币基金组织）的中央银行政策研讨会上公开表示："中国央行采取的多目标制，既包含价格稳定、促进经济增长、促进就业、保持国际收支大体平衡等四大年度目标，也包含金融改革和开放、发展金融市场这两个动态目标。"

伴随大央行的"自由行"，金融领域前所未有地扩张。与此同时，对金融危机的焦虑也不断升级，但这种焦虑并未构成对大央行的约束，在多数情况下，反而为央行在货币救助方面的自由行动提供了注脚。截至 2018 年，中国金融业增加值占 GDP 的比重已经连续 4 年在 8% 左右，而危机前还不足 5%。

现在的中央银行，像是甩开链条的大象，行走在通缩的阴霾之下。对它们而言，经济运行不再是不能轻易触碰的瓷器店，而是一片片攻坚克险的试验田。接下来的日子，它们究竟是要将经济驮负出险境，还是变成"被唤醒的哥斯拉"？

或许，宏观经济学的另一座圣杯，已经摆在我们面前。

信用发动的差异

我们知道，货币天然是金银。一开始，英镑、美元都在票面上标注可以换取多少金银，而非现在只需由政府背书就是具有法定地位的信用货币。货币由金银转为信用法币仅仅是不足50年的事情[1]，但这一转变彻底改变了人类货币史的面貌，使得货币当局（央行）垄断了经济社会中的信用创造，从而也为当今我们正经历的大央行时代埋下伏笔。

具体而言，每当中央银行增持/减持一种资产（不论这种资产有无价值），相应地都会增加/减少等量负债，而中央银行扩大/收缩负债，就等同于向社会增加/减少货币的供给。可以说，正是各国中央银行资产负债表的变化，带来了现代经济社会信用的扩张或是收缩。

从政策角度看，中央银行成为经济信用的发动机，极大地扩大了政府对经济波动的逆向调控空间。这也就是为什么2008年金融危机以来，全球主要货币当局均创纪录地增加了货币供给。因为它们相信，信用发动机只要开足了马力，就能对冲危机的冲击。

1　20世纪六七十年代爆发了多次美元危机，1971年12月美国总统尼克松颁布法令，宣布美国拒绝向国外中央银行出售黄金，标志着美元与黄金挂钩的体制名存实亡；1973年2月美元进一步贬值，世界各主要货币被迫实行浮动汇率制，至此布雷顿森林体系完全崩溃。

但就实际情况而言,各国央行货币宽松所取得的实际效果并不一致。究竟是什么原因导致了这种差异? 我尝试从央行资产规模和股指变化的比照中,找一找端倪。

我分别选取了人民银行资产规模、美联储资产规模、沪深300指数和标普500指数,为了观察的直观性,将2008年年底四个指标的数值设定基点100后,对数据进行指数化折算。

中美货币当局资产与股指变化情况

数据来源:Wind、美联储、人民银行

在2008年年末至2018年年末的10年间,通过对比可以将四个指标的变化简单归纳为以下5点:

1.10年间中美央行的资产规模均扩张了80%,即两国央行信用发动的力度大体相当。

2. 以标普 500 指数为代表的美国股市，在美联储资产扩张的推动下，走出了一波超过 10 年的牛市，标普 500 指数 10 年间的累计涨幅接近 200%。

3. 以沪深 300 指数为代表的中国股市波动性明显大幅超过美股。首先在"一揽子计划"的推动下，沪深 300 指数在短短 7 个月的时间里涨幅就超过 100%；随后 A 股进入长达 60 个月的漫长调整期，直到 2014 年 7 月，股市再次快速上涨，并于 2015 年 5 月达到峰值，其间 11 个月的时间里沪深 300 指数累计上涨 124%；2015 年 6 月至 2016 年 2 月，沪深 300 指数累计跌幅超过 40%；2016 年 3 月至 2018 年 1 月，A 股持续上涨了 2 年，累积涨幅近 50%，之后再次进入调整期至今。整体看，沪深 300 指数 10 年间仅累计上涨 66%。与美国不同，A 股并没有在人民银行的资产扩张下稳步上行，反而是频繁波动，并呈现出牛短熊长的特征。

4. 2013 年 3 月之前，人民银行的资产规模曲线一直处于美联储的上方，显示其扩张速度持续快于美联储。之后，两国央行曲线发生了位置颠倒，美联储的资产规模曲线转而走到人民银行的上方。

5. 对于应对危机而采取的资产扩张局面，人民银行和美联储均通过缩表操作来予以纠正，而且人民银行操作得更早、更频繁，但两国央行最终均停止了缩表[1]操作。

1　2019 年 7 月的议息会议后，美联储宣布 2019 年 7 月后停止缩表。

　　将上述 5 点小结一下就是：人民银行的信用发动和 A 股的调整均早于美国，但波动性却明显超过美国；反观美联储的信用发动和美股的走势，则更加平稳有序，尤其是超过 10 年的美股牛市，更是显示出市场对于美国反危机的信心。而美股走势和美联储资产曲线并行同向的变化，则反映出即便是在反危机超常规的政策环境下，其市场机制和功能的有效性也没有受到损害。反倒是我们这边，无论是人民银行主导下的信用发动节奏，还是 A 股的跌宕起伏所传递出来的市场信心，都表现出较大的不稳定性。这种不稳定性虽部分源自我们政策的多变，但更重要的原因还是我们市场机制和功能的不完备以及反危机政策有效性的影响。

央行的弹性

自中央银行制度创立以来，各国央行的主要职能便是：为宏观经济运行营造适宜的货币金融环境以及维护金融稳定。在现代信用货币机制下，央行通过各种政策工具，根据需要进行货币弹性调控。比如说，经济过热时，采取紧缩的货币政策；经济低迷时，采取扩张的货币政策。而且不论紧缩或扩张都可以依靠数量手段、价格手段或是二者的结合来实现。

如果一国央行始终能够依照其意愿（当然这种意愿应基于对经济运行的理性分析，背后有一套严密和科学的系统做支撑），主动把握和调控该国的货币弹性，那么我们会说这个央行的独立性很高。显然一个独立性很高的央行，工作效率也高。

反过来，一个缺乏独立性的央行，为一时政治之需求、舆论之压力、外部市场之变化等因素去修改其货币弹性决定，往往陷入顾此失彼的窘迫之中，更有可能带来诸多副作用，如资产泡沫、债务危机、通货膨胀等。这些副作用如果不能及时纠正，势将扰乱各经济部类的利益分配秩序，最终伤害整个经济体的运行效率。所以，无论在哪种体制下，争取自身独立性都是中央银行的本分所在。

2008年金融危机爆发至今的10年来，各主要经济体的央行均采取了非常规的反危机措施。而伴随经济的复苏，各家央行也先后开始向常规弹性调控回归。由于各国经济运行情况不同，相

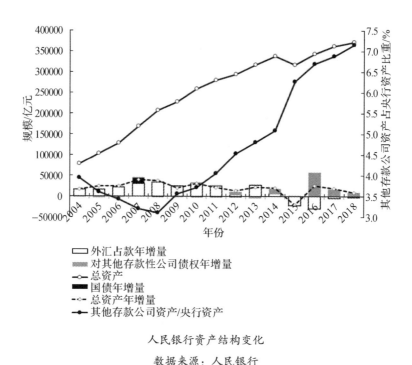

应其央行向独立、弹性回归的程度也不同。

但是中国的情况却特别复杂，并不能用上述简单逻辑来分析。

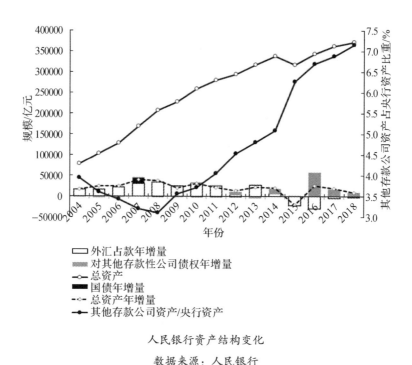

人民银行资产结构变化

数据来源：人民银行

2014 年之前，人民币供给机制内生性很强，货币供给基本取决于外汇占款的增减，由此人民银行没有太多货币弹性的调控主动权，只能依靠各种数量型工具去对冲外汇占款带来的过剩货币（法定存款准备金率曾一度被提高到 21.5%），而且还迫不得已恢复了行政色彩浓厚的信贷额度管理工具。然而即便如此，人民银行的资产规模还是快速扩张，其资产余额由 2004 年年末的

7.9 万亿元升至 2018 年年末的 37.2 万亿元。

另外，无论人民银行采取何种政策——是放松还是收紧，商业银行体系总处于资产负债扩张的状态中，资产总额由 2005 年年底的 37 万亿元升至 2018 年年底的 267 万亿元，而且其负债结构也发生了深刻变化。商业银行的资产规模扩张和结构变化，虽然有助于经济增长，但也积累了巨大的金融风险。例如，2005 年年底商业银行给非银行类金融机构的融资余额为 1 万亿元，2012 年年底突破了 5 万亿元（占资产比重 4%），2017 年一度超过 28 万亿元，到 2018 年年底也仅略降至 26 万亿元，占商业银行总资产的 10%（2017 年占比曾接近 12%）。若再考虑商业银行自身之间的往来，那么对金融部门的融资规模就占到商业银行资产的 25% 以上，即经济运行中出现了严重的"金融空转"。

为此，在人民银行的主导下，近年来金融领域开展了多轮"去杠杆"。但由于对去杠杆的认识不足，一段时期将非银金融机构去杠杆等同于金融去杠杆，把局部纠偏放大成全体整顿，结果招致了系统性的市场波动。

当然，板子不能打在人民银行身上。2014 年前后，中国经济进入"新常态"，结构性问题成为主要矛盾。与此同时，我国货币金融环境也发生了深刻变化，外汇占款出现趋势性下滑，进而为人民银行独立履行基本职能（总量调控）扫清了道路。

正如上文所言，商业银行并未因为经济减速而停止扩张，为维持盈利和资产负债表的质量，金融机构之间的业务快速扩张，以致金融"脱实向虚"。在这种情况下，为确保一定的经济增速，而又不能出现系统性风险，货币政策被赋予了诸多结构性调控的宏观意图，而人民银行这位总量调控者才刚刚有机会"独立"，就又不得不干起"结构性调控"的分外活儿。

由于可借鉴的经验不多，人民银行只能"摸着石头过河"。2015年主动"缩表"（央行资产当年净减少了2万亿元），告诉市场货币供给机制要变了；2016年启用"宏观审慎评估体系"，对商业银行开始更全面的监控和监管，但同时也回填了2015年的"缩表"缺口（2016年人民银行资产余额净增加2.5万亿元）。人民银行这些操作的真实意图不外乎让商业银行扩张资产负债表的速度保持在合意的水平。可事与愿违，2010年之前，商业银行与央行的资产比例关系基本稳定在3.5：1左右，此后虽然货币政策由宽松转为稳健乃至中性，但这一资产比例关系仍一路飙升。截至2018年年末已升至7.2：1，这意味着当前商业银行正在以6倍于央行的速度进行扩表。仅就这一角度而言，人民银行本应有的货币弹性已经"失灵"了。

显而易见，在弹性很差的调控环境中，对一家调控目标很多、政策频繁转向和工具复杂等特征越来越突出的中央银行而言，不仅其政策的有效性不会很高，未来政策实施产生"飞镖效应"的概率还将越来越大。

难改宽松的央行

本次危机以来，中国金融快速扩张除了得益于反危机刺激计划的实施，更重要的是人民银行对利率市场化改革进程的加速推进。尤其是在金融市场完全实现利率市场化的基础上，2012 年之后逐步取消了对存贷款利率上下限的管制，预示着利率市场化改革进程已近尾声。由于银行理财的定价机制已经完全实现了市场化，与同期限存款利率相比，理财资金利率更具吸引力，自然对储户存款形成持续分流。即在利率市场化改革的推动下，"存款理财化"趋势成形。例如，在本次危机之前，理财资金规模仅5000 亿元左右，占银行存款的比重也仅为 1%。而根据《中国银行业理财市场年度报告（2018）》统计，截至 2018 年年末，银行理财资金余额 22 万亿元，同期商业银行存款余额 183 万亿元，银行理财占存款余额的比重为 12%。2016 年银行理财资金规模曾一度接近 30 万亿元，其占银行存款比重高达 19%。而商业银行负债结构的变化，必然带来整个金融业态的深刻变化。

至今，我国的融资结构还是以商业银行信贷融资为主的间接融资结构，商业银行负债结构的变化必将产生"牵一发而动全身"的影响，尤其会影响央行的货币调控操作，进而对整个金融系统持续产生深刻影响。

首先，"存款理财化"直接导致商业银行负债结构发生本质性变化。伴随非存款类负债比重的持续上升，影响商业银行负债

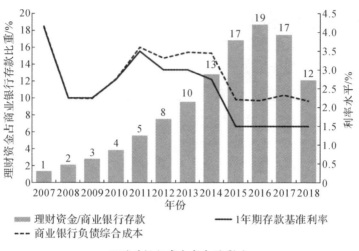

理财对银行资金成本的影响

数据来源：人民银行、中国银行业协会

成本的因素开始明显增多，尤其是 2012 年后，这一变化尤为显著。2012 年前，商业银行负债综合成本[1]大体就是人民银行确定的 1 年期存款基准利率，例如 2012 年年初商业银行负债综合成本为 3.61%，同期 1 年期存款基准利率为 3.5%，两者仅相差 0.11 个百分点。

2012 年后，经济开始趋势性降速，为此央行多次下调基准利率，目前 1 年期存款基准利率已降至 1.5%。但由于银行理财对存款的分流影响，商业银行负债综合成本虽有下降，但降幅有限。2015 年之后，商业银行负债综合成本持续高出存款基准利率 1 个百分点左右，进而客观上削弱了央行降低实体经济融资成

1　包括商业银行本外币存款和理财资金。

本的调控实效，货币政策传导由此受阻。

其次，"存款理财化"除了推升商业银行负债成本之外，更大的影响是削弱了商业银行负债的稳定性。即银行理财资金会根据各商业银行理财利率的高低变化在各行间频繁流动，负债的不稳定直接导致了商业银行资产摆布难度的大幅提升。而同期金融行业正处大扩张阶段，因此不少商业银行一方面被动增加同业负债，来填补负债不稳定产生的资金缺口，另一方面在资产端也增加了金融行业的配置比重。即在利率市场化和金融扩张的双重推动下，金融行业出现了一定程度的"空转"，人民银行和金融监管部门面临的防风险压力与日俱增，保增长和防风险的平衡性更难驾驭。

中国 GDP 实际增速已经由 2011 年年末的 9.5% 降至 2018 年年末的 6.4%，降幅 3.1%，而同期商业银行负债综合成本仅仅下降了 1.4%，还不足经济增速降幅的一半，客观上讲是不足的。近年来实体经济融资难、融资贵已经成了老大难问题，为此人民银行虽采取了多种政策工具，但收效甚微。根源就在于商业银行在负债成本降幅有限的环境下，没有十足的动力来落实"降低融资成本"的宏观意图。而在政策意图和实际效果大打折扣的环境下，面对越来越大的政策效果缺口，人民银行很难彻底收紧货币金融条件，即"救火还需泼水，火未灭是因水不够"仍将是货币政策实际遵循的原则。至于说未来是否会"水漫金山"，已经无暇顾及。

如今，在新的政策传导机制建立之前，人民银行在实施政策工具时，需要付出更多的力气，同时制约因素也会更复杂。而当稳增长和防风险间的平衡越来越趋于"两难"时，人民银行还将面临更多"摁下葫芦起了瓢"的难题。在这样的政策背景下，我预计人民银行还会在宽松的道路上行进很长时间。

央行的烦恼

在影响人民银行货币政策实际效果的因素中，除了"存款理财化"之外，还有金融"脱媒"。按照人民银行公布的社会融资存量数据，全球金融危机之前，信贷融资始终是社会融资的主渠道。截至 2007 年年末，社会融资总量余额 32 万亿元，其中信贷融资余额 26 万亿元，占比为 85%。之后伴随"一揽子计划"的实施，信贷融资在 2009 年达到 31% 的增速，但当年占社会融资的比重降至 81%，可见非信贷融资正在以更快的速度增长。2009 年和 2010 年非信贷融资增速分别为 53% 和 56%，这一趋势一直持续至 2013 年。截至 2013 年年末，社会融资总量余额 107 万亿元，其中信贷融资余额 72 万亿元，占比降至 69%，非信贷融资余额 35 万亿元，占比升至 31%。

另外，非信贷融资的快速增长，并未带来资本市场融资功能的扩张。截至 2013 年年末，在 35 万亿元的非信贷融资中，股票融资只有 3.3 万亿元。因此，本次危机以来，中国的金融"脱媒"更多体现为以银行表外业务为主的影子银行的扩张，甚至可以说是"无序脱媒"，是"真影子，假脱媒"。其直接后果，是中国经济的杠杆率快速上升，但杠杆效率却大幅下降。实体经济不仅出现了严重的融资难，融资成本也并未因社会融资的扩张而下降，反而由 2008—2009 年的 5% 升至 2013 年的 6.5%，2011 年还曾高达 7.3%。

2013年"钱荒"出现之后，央行和金融监管部门出于防范金融风险的考虑，密集出台了一系列政策，核心就是要规范影子银行等非信贷融资渠道，更要求银行的表外业务回表（银行表外业务无论是资本占用，还是行业风险门槛等多个方面的要求，均弱于其表内业务）。受此影响，非信贷类融资快速上升势头得以遏制。2015年至今，非信贷融资余额占社会融资总量余额的比重基本稳定在30%以下，而实体经济的融资成本也自2013年的高位回落，截至2018年年末已降至5.3%，2016年还曾低至4.7%。

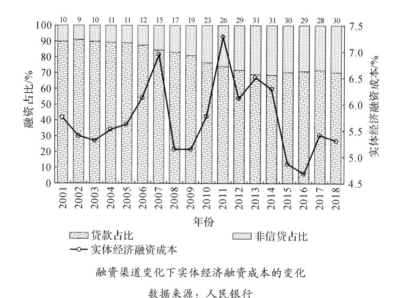

融资渠道变化下实体经济融资成本的变化

数据来源：人民银行

然而，究竟如何看待金融"脱媒"，尤其是影子银行对经济的影响呢？

2013年至今，央行和金融监管部门针对影子银行为首的各类非银金融业态的野蛮生长，先后出台和实施了理财新规、资管新规、穿透管理、MPA 评估以及"三三四十"等金融规范措施。由此影子银行明显收缩，其扩张速度最高时曾达到 7.2 万亿元 / 年（2017 年 10 月），到 2018 年年末其速度已转为 -2.2 万亿元 / 年。影子银行因监管出现大幅收缩，直接产生了接近 10 万亿元的社会融资缺口。换句话说，若对此缺口不予以适度填补，经济必然因"失血"而面临衰退风险。

所以，近年来，我们看到了信贷类融资投放力度的增加，地方政府专项债发行规模的扩大。这样一来，虽然非信贷融资比重稳定在 30% 左右，但其结构已较之前发生了明显变化，我将此变化称为金融"脱媒回退"过程。

不可否认的是，无论是在金融"脱媒"过程中，还是在金融"脱媒回退"过程中，央行的货币调控均存在某种程度的失效，表现为近年来接连不断的金融市场风险事件，2018 年以来实体企业更是因融资环境变化，出现了再筹资困难的现象，且涉及广泛的地域和行业。

显而易见，在大央行时代，央行的烦恼反而有增无减。

汇率之锚

　　如果简单归纳本次全球危机的深远影响，我马上能想到的主要有三个方面：一是阻断了危机前全球的持续增长趋势，2002—2007 年全球经济平均增速接近 5%，2008—2018 年全球经济平均增速降至 3%；二是危机前推动全球经济增长的重要引擎（贸易、金融和经济全球化进程）被阻断；三是作为反危机的后遗症，各国超常规地增加货币供给，全球进入大央行时代。

　　与之对应，2002—2007 年中国经济平均增速超过了 11%，2008—2018 年经济平均增速降至 8%；中国经常项目差额占 GDP 比重由 2001 年的 1.3% 升至 2007 年的 10%，本次危机之后该比值趋势性下降，截至 2018 年年末降至 0.4%。但与其他国家不同，中国进入大央行时代的起点却是在危机前，2002 年年末人民银行资产占 GDP 比重为 42%，2005 年该比值就已经超过 55%，2009 年更是升至 65% 以上，之后开始回落，2018 年降至 41%，回到 2002 年的水平。

　　那么是什么原因促使中国更早开始步入大央行时代呢？即危机前，究竟是什么因素推动人民银行开始快速扩表呢？2002 年人民银行资产余额为 5.1 万亿元，2009 年年末升至 22.8 万亿元，7 年间增长 3.5 倍。

　　答案之一就是汇率。

　　2001 年，中国加入 WTO 之后，我们内部积累的产能与外部市场快速结合，拉动中国经济实现持续 5 年两位数的增长。但同时在连年高增的贸易顺差影响下，国际收支出现了阶段性失衡，为此 2005 年 7 月中国政府实施汇率机制改革，人民币汇率由固定汇率转入有管理的浮动汇率。鉴于中国经济的高速增长，在 2013 年之前，人民币汇率处于持续单边升值态势[1]，为此人民银行被动投放了大量的基础货币，其外汇占款占资产余额的比重由 2001 年年末的 40%，最高曾在 2012 年升至 83%。

也正是由于人民币汇率转入浮动汇率制，中国经济运行和人民银行货币调控受汇率变化的影响越来越大。尤其是 2012 年人民币结束单边升值态势、2014 年前后进入双向波动、2015 年 8 月 11 日中间价形成机制改革之后，人民币汇率双向波动的波幅进一步扩大，而且人民银行逐渐淡化了对汇价的直接干预，推动人民币汇率向清洁浮动方向发展。因此，无论是市场，还是宏观部门，对汇率走势的准确预判变得越来越重要。

那么影响人民币汇率的决定性因素究竟是什么呢？有人说是美元，有人说是中美利差。而从上文述及本次危机前后发生的三个变化而言，我想对人民币汇率锚的寻找还是要回到经济运行最基本的层面。

我们观察 2005 年汇率改革之后，中美经济增速差距与人民

1　人民币兑美元汇率由 2005 年 7 月 20 日的 8.2765，升至 2012 年 5 月的 6.2884；之后人民币结束单边升值态势，2005 年 7 月汇率机制改革以来，人民币兑美元最高升值至 2014 年的 1 月 14 日的 6.0406，较 2005 年汇改之前，人民币兑美元最大累计升值幅度 37%。

币兑美元变化幅度之间的关系，发现两者具有很高的相关性。即在中国与美国经济增速差距扩大的年份，人民币兑美元基本都是升值的，例如，中美经济增速差由 2005 年的 9% 升至 2006 年的 11%，2006 年人民币兑美元的升幅由上年的 2.6% 扩大至 3.4%，同理 2007 年的升值幅度进一步扩大至 6.9%。

反之当中美经济增速差距收窄时，人民币兑美元要么是升值幅度收窄，要么就是贬值。例如，中美经济增速差由 2011 年的 15% 大幅降至 2012 年的 6%，相应 2012 年人民币兑美元的升值幅度由上年的 4.7% 降至 1%；又如中美经济增速差由 2013 年的 7% 进一步降至 2014 年的 4%，相应人民币兑美元由 2013 年的升值 2.9% 转为 2014 年的贬值 2.4%。

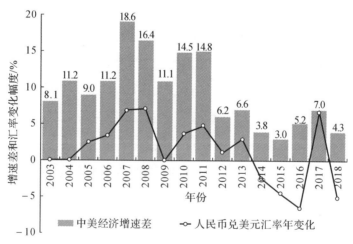

人民币汇率背后的基本面因素

数据来源：人民银行

简单归纳一下，每当中国经济的加速度领先别国时，汇率处于强势的位置；每当中国经济的加速度落后别国时，强势汇率相应转弱。2005 年至今，这一经验规律基本有效。其间只有 2016 年是例外的，而当年人民币汇率的走弱，应该是人民银行出于实现经济筑底考虑，阶段性实施贬值政策，2017 年在人民银行主导下，2016 年的汇率扭曲就被纠正了。

由此，人民币的汇率之锚，既不是美元（背后是美国的财政与货币政策），也不是境内外利差（背后是金融市场投资交易的主导），而是中国经济自身的增长与发展。因为一国货币汇率本身就是一个比较结果，金融市场中的汇率变化曲线只不过是把不同人的比较集中起来（曲线上的每一个价格都是均衡价格，不然不会成交），而在这个比较中，经济基本面的比较是最重要的因素。

而如果这个结论是成立的，那么对于时处由数量向质量转型的中国经济而言，如何理解经济由高速向中高速回落，对于市场和政策部门就格外重要。

货币选票

2008 年全球金融危机爆发，就在那年的 11 月，英国女王伊丽莎白二世驾临伦敦经济学院，向在座的学者发问：为什么经济学家没有预见到危机？ 10 年来，各界对于危机的反思未曾间断，甚至深入到一些最基本的范畴，比如货币。

货币对于使用者而言，是购买力，是资产，而且是流动性最好的资产——它有别于其他资产之处，正在于用以换取其他资产的难度最小。我们可以用货币购买商品和服务，以满足衣、食、住、行等消费需求，也可以用货币购买房产、股票等来进行理财投资。简言之，我们的经济生活不外乎两件事——挣钱和花钱。微观个体的经济选择——钱要怎么挣，又该怎样花，互相交织，最终形成宏观经济的基本面。在这个意义上，我们手里的货币可视作一种选票。

对于创造者（亦即中央银行）而言，钱／货币则非资产，相反，是负债。在很大程度上，发行货币是个"无中生有"的过程，之所以可以这样做，则是基于一种我们称之为"信用"（credit）的东西。中央银行通过调控自身的负债规模（数量手段）和负债价格（价格手段），来影响个体手中货币选票的流向。

货币是资产，也是负债，它的这种双重属性，带来了流通领域的湍流。多年来，尤其是"大萧条"之后，经济学家一直尝试为此提供解释，由此带来不同流派之争，例如凯恩斯学派 vs 货币学派，但至今没有定论。

2008 年以来，危机蔓延。就在经济学家还在为"女王之问"[1]感到难堪的时候，中央银行的银行家已经大踏步地将世界带入一个未知的货币时代——超级量宽、负利率，甚至"直升机撒钱"均成为现实的政策选择。对于社会个体而言，钱越来越多，怎么花就成了问题。正常情况下，人们或"血拼"消费，或购买价格涨幅预期好的资产（如房产），又或直接兑换成另一种更安全的货币。不管哪种情况，一旦发生"羊群效应"，就会出现恶性通胀、资产泡沫、货币贬值，这三种情况或单一突显或叠加发生。近年来，我们身边高涨的换汇热情、离婚买房狂潮、海淘疯等，均是实证。

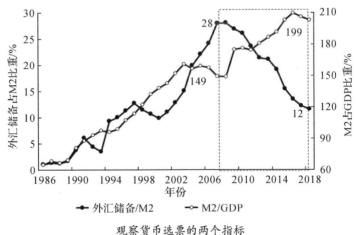

观察货币选票的两个指标

数据来源：国家统计局、人民银行

1　参见《英经济学家因未预测到经济危机向女王致歉》，《羊城晚报》，2009 年 7 月 28 日。

为此，我选取两个指标：外汇储备 /M2（折算美元后计算所得）和 M2/GDP，来勾勒上述变化。

2008 年之后，这两个指标都出现了明显变化：

1.M2/GDP 结束 2004—2008 年连续 5 年的下降趋势，转而快速上升。截至 2018 年年末，已升至 199%，10 年间上升了50%，其间 2016 年 M2/GDP 最高达到 209%；

2. 外汇储备 /M2 则相反，在 2008 年达到峰值的 28% 后持续下降，截至 2018 年年末，已降至 12%。

上述变化透露出两个基本事实：

一是经济增长明显慢于货币供给的增长。前面说过，央行的货币负债基于信用，而信用最终是要靠经济增长来背书的。

二是外汇储备作为央行资产，其覆盖货币负债的能力快速下降。也就是说，如果社会民众集中同步换汇的话，央行的家底明显不够。危机前的 2003—2008 年，央行货币负债的增速也不慢，M2 由 18.5 万亿元一路增至 47.5 万亿元，涨幅 156%。但那时，宏观经济处于上行轨道，外汇储备一度接近 4 万亿美元，央行家底很厚。但截至 2018 年年末，外汇储备已降至 3 万亿美元左右。

经济好的时候，中央银行容易获得民众的信任，对于货币流向的引导也更为简单有效。而当经济下行趋势一旦形成，微观个体用手里的货币投出"不信任"票的动机就会越来越强，央行如何有效调控经济就成了问题，搞不好的话，越调控越失控。

汇率的"弓"与"弦"

就我们目前的认知水平，对事物运行规律的共识只能是：整个世界除了变化，没有什么是永恒的。这就是古希腊哲学家赫拉克利特所说的"人不能两次踏进同一条河流"，金融市场也概莫能外。同时，金融市场的特殊之处，还在于把变化转化为交易的标的物，所以市场的参与者总要面临必须应对的不确定性。而对大多数人而言，做出判断的依据更多是"随大流"和"靠经验"，即通常所言的"羊群效应"与"拇指规则"。

然而，2005年汇改至今，人民币兑美元汇率却先后两次踏入6～7的河流。

第一次是2008年4月至2014年1月的70个月，人民币兑美元汇率由7.01逐渐升值至6.04，同期外汇储备累计增加了2.18万亿美元。但在2008年9月（雷曼破产）至2010年5月（2010年6月19日，人民银行宣布重启汇改）的21个月，在6.83附近人民币汇率采取了盯住美元的策略。如果剔除这21个月的应对危机盯住阶段，也就是说在49个月间，人民币兑美元累计升值了16%。

第二次始自2014年9月[1]，人民币汇率先是经历了一波贬值冲击，到2016年年末人民币汇率由6.14贬值至6.97，28个月

1　2019年8月初，人民币兑美元的离岸和在岸汇价相继跌破7整数关口。

累计贬值幅度就高达 12%，外汇储备累计减少了近万亿美元。之后人民币汇率转入 6 ～ 7 的双向波动中，但贬值压力始终存在。2018 年 10 月 31 日，人民币对美元汇率突破前期低点，触及 6.9780。但在汇率双向波动期间，人民银行没有再频繁动用外汇储备进行汇率干预，外汇储备在 3 万亿美元的水平稳定住。

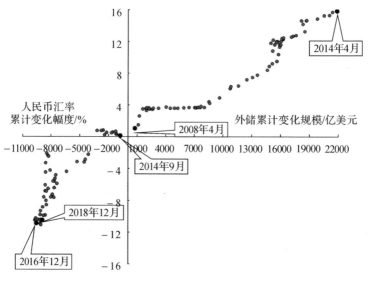

人民币汇率变化和外储增减情况

数据来源：人民银行

如果以人民币汇率变化幅度和外汇储备增减规模为维度，构建一条人民币曲线，比较人民币汇率先后两次踏入 6 ～ 7 区间的经历，在第一次人民币快速升值的 49 个月和第二次快速贬值的 28 个月，人民币曲线的斜率基本一致。

第一次，由 7.01 升值至 6.04（剔除盯住阶段），人民币汇率月均升值幅度 0.33%，外汇储备月均增加 446 亿美元。

第二次，由 6.14 贬值至 6.97（截至 2016 年年末），人民币汇率月均贬值幅度 0.43%，外汇储备月均减少 341 亿美元。

2017 年之后，央行对汇率的管理更加灵活和精准，尤其是逐渐淡化了动用外储直接干预汇价的做法，人民币汇率双向波动明显增强，而且正逐渐向清洁浮动靠拢。但人民币至今仍存在的贬值压力，让人民币汇率面临"上山走弓，下山走弦"的实情。即汇率在贬值的下山路上，市场预期更难管理，稍有不慎，2014年第四季度至 2016 年的汇率失速情景就可能重现。然而，这又是人民币汇率成熟的必过之关，因为只有经历了上山和下山，你才能说完整地走过了这条路。

央行的家底

美元兑人民币汇率在 2014 年年初触及 6.04 之后，就结束了近 10 年的单边升值态势，转而进入双向宽幅波动的行情，并延续至今，这段时期双向波动之外的汇率主基调始终是贬值压力。截至 2018 年年末，美元兑人民币汇率报收于 6.8658，较 2014年年初的 6.0406 的高点，累计贬值幅度超过 12%，其间美元兑人民币汇率最低触及 6.9780，以此计算，2014—2018 年美元兑人民币汇率最大贬值幅度已接近 14%。同期中国的外汇储备也从2014 年 6 月末 3.99 万亿美元的峰值水平降至 2018 年年末的 3.07万亿美元，其间 2017 年 1 月外汇储备还曾一度降至 3 万亿美元以下，之后回升至 3 万亿美元左右后，外汇储备就基本稳定在这一水平。

在汇率结束单边升值和外汇储备由升转降的背后，中国经济的实情是增速由 7.5% 降至 6% ~ 6.5%，外贸对于经济增长的贡献日渐式微。而在人民币汇率单边升值较强的时期，人民银行考虑更多的是外储多元化管理和对冲外汇占款增长下货币的被动投放。2014 年之后，稳定汇率在人民银行政策考量中的分量大幅提升，而市场就汇率政策最大的分歧点则是：在保汇率和保储备之间，央行的侧重点究竟应该是哪个。

为此，国家外汇管理局副局长陆磊代表人民银行于 2019 年2 月 16 日召开的中国经济 50 人论坛 2019 年年会上给出明确答案：“保储备还是保汇率是一个伪命题，外汇市场的前沿性决定了储备的第一性，外汇储备在系统性风险中具有逆周期缓冲作用，然后才有汇率稳定、本币流动性的可置信度。一旦储备这一指标遇到明显波动，一定会形成人们的行为变化，进而在外部市场反映出来。”

陆磊的表态算是对外汇储备是央行重要家底的承认，但 3 万亿美元外储家底的殷实程度究竟如何呢？

截至 2018 年年末，人民银行管理的储备资产余额 31682 亿美元（含黄金在内），其中外汇储备余额 30727 亿美元，占储备资产的比重高达 97%。理论上，包括黄金在内所有储备资产，央行均可以用于维护汇率的稳定。

截至 2018 年年末，我国的外汇存款和外债的差值为 -1.2 万亿美元，按照国际通行的 6 个月进口外汇支付标准，2018 年年末我国 6 个月进口用汇量在 1.1 万亿美元左右。那么在极端的情况下，这两部分就需要 2.3 万亿美元的外储去偿付和支付。由此推算，央行真正能用于维护汇率稳定的自有外储规模仅有 7000 亿美元左右，这还没有考虑外储配置资产的流动性和变现性。在这些时刻变化的影响因素之外，才是央行真正的可用外储家底。而在 2014 年年末，剔除偿还外债和支付进口用汇的刚性需求后，央行的可用外储规模超过 2.5 万亿美元。

由此可见，过去的 4 年间，央行的家底变薄了不少。

面对已经变薄的家底、波动性还在增加的汇率市场以及不断上升的汇率稳定的政策诉求，可想而知，未来央行汇率政策的实

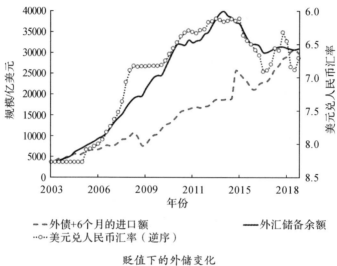

贬值下的外储变化

数据来源：人民银行

施难度还将持续上升。而在逆全球化风潮正兴的外部变化和国内
经济更加倚重内需的内部诉求的叠加影响下，继续寄望通过外贸
大幅顺差、持续创汇来增加外汇流入的想法，显然是不实际的。
不仅如此，退一步讲，即便能够保持住顺差态势，微观主体是否
会等量结汇呢？2014年以来的实际情况是，微观层面不仅不售
汇给央行，反而还要向央行购买美元，人民币汇率持续承受贬值
压力，即买美元的力量大于卖美元的力量。

　　分析至此，我想起美国人那句话：货币是我们的，问题是你
们的。这话固然稍显嚣张，却也底气十足：美元在世界市场上一
家独大，至今全球外汇储备超过6成是美元。对中国而言，"货
币是我们的，问题也是我们的"，而且人民币已纳入SDR篮子，

方向是要成为认知度和接受度都很高的国际货币，为此人民币汇率实现清洁浮动就成为必然，即人民银行不能轻易干预汇率。

在此变化下，汇率的稳定和外储的家底就更加依赖市场预期，预期好，就能够进入良性循环，预期差，就容易让人民币进入危机状态。而如何形成好预期，只要人民币和用人民币换来的东西足够有吸引力（包括股票、债券等各类资产的价格），就不难；反之，无利可图的话，再厚的家底也不够拼的。

宏观政策的"三率"

2014 年以来，中国经济加速向 6% ~ 6.5% 的区间下行，净出口对经济的贡献不仅大不如前，而且还时不时拖累一下经济增长，个别季度中国的进出口已出现短暂的逆差局面，企业和居民的持汇意愿明显强于结汇意愿。在这种种因素叠加影响下，人民币汇率始终承受着较大的贬值压力。

人民银行的使命就是保证币值稳定，其中包括汇率稳定，尤其是在经济下行期，汇率更代表信心。出于维持汇率稳定的需要，人民银行为此动用了巨额的外汇储备来打消贬值预期，外汇储备因此净减少 1 万亿美元。即便如此，市场对汇率的预期也未能由发散状态趋于收敛。随之人民银行采取了一系列政策措施，包括 8.11 中间价汇改、人民币汇率篮子指数出台、逆周期因子引入、外汇风险准备金率调整等。除此之外，人民银行还牺牲了一部分利率政策的灵活性，来尽力维持中美利差。在央行如此庞杂的动作和精心的计算下，人民币汇率的贬值压力方得以一定程度的缓解，转而进入双向宽幅波动之中。

然而，众所周知，要想让央行维护汇率的努力转为市场的汇率信心，最根本是经济基本面的持续好转。如果这一根本迟迟不能出现的话，包括提高交易成本的汇率管理的加强、维护中美利差的利率灵活性的牺牲，甚至是继续动用外储干预在内的操作，均只能缓解一时，而不能彻底解决问题。要知道任何政策都是有

成本的，而这一成本的分摊最终还将反馈至汇率市场和其他金融
市场。

由此自然就产生了一个疑问，除了央行的利率和汇率政策之
外，是否还有办法帮助央行从两难的处境中抽身呢？

我认为，这样的办法还是有的，即利率、汇率和税率的宏观
政策"三率"曲线的摆布。

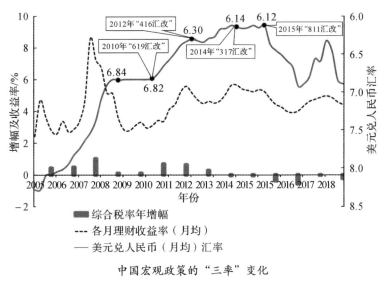

中国宏观政策的"三率"变化

数据来源：国家统计局、财政部、人民银行

注：综合税率年增幅为当年的综合税率减去上年综合税率，综合税
率＝当年税收收入÷当年GDP。

2005年以来，围绕经济基本面，宏观政策的"三率"出现
了几次明显的变化。

首先，全球金融危机前，中国经济持续增长，且增速逐年上升。

2001—2007 年中国 GDP 名义增速平均水平超过 15%，GDP 实际增速平均水平接近 11%，同期人民币汇率和利率均相应走高。由于中国的税种结构是以价内税为主的，所以伴随经济增长，尤其是通胀水平上升，税收会以更高的速度增长。2001—2007 年，税收收入的平均增速超过 20%，因此在该阶段中国的实际税率也是逐年上升。中国宏观政策组合呈现出汇、利、税"三率"齐升的局面。

其次，2008 年全球金融危机爆发后，在反危机的要求下，人民银行采取了稳汇率和降利率的政策组合，同时增加货币供给，同期中国政府还实施了经济刺激"一揽子计划"。由此，中国经济如期实现了率先复苏的政策初衷，在经济水涨船高的推动下，该阶段中国的实际税率继续保持着逐年上升的态势。

第三，2013 年之后，中国经济进入降速通道，并形成下行趋势，相应汇率和利率几乎同步由升转降。同期经济下行还形成巨大的通缩压力，从税收角度而言，通货紧缩就意味着税基的减少。因此在该阶段，虽然我们看到实际税率呈现逐年下降的态势，但此变化更多是经济下行的结果，而非政策的主动作为。

应该说，宏观决策层对减税还是有共识的。2016 年以来，减税已经进入宏观政策的工具箱，但由于财政赤字率和财政刚性支出等因素的制约，减税的实际效果还未显现，甚至在保财政收入的诉求下，不排除某些地区出现损害税源的"杀鸡取卵"现象。从央行越来越重的汇率维稳压力而言，伴随经济下行，市场的信心还在滑落，这一局面如不尽早扭转，央行日渐薄弱的家底终将被损耗殆尽。因此，尽快实施涵养税源的减税政策已迫在眉睫，尤其是要真正形成"几家抬"的宏观调控局面，进而通过"三率"的良性变化将中国经济从下行趋势中拽出来！

第五章

纠结的财政

本章导读

目前中国财政政策的取向虽然依旧是反危机下的扩张性财政政策，我们称之为"积极财政政策"，但与20世纪90年代中后期亚洲金融危机期间实施的首轮积极财政政策不同，本轮积极财政在施策过程中，中央财政始终"谨慎"。2009—2018年中央财政支出平均增速仅为9%，远低于亚洲金融危机期间的22%，中央政府债务余额占GDP的比重稳定在16%～18%，其债务增速也稳定在10%左右，而同期地方政府的债务则呈现快速增长。截至2018年年末，地方政府债务余额已超过18万亿元，占GDP比重上升至20%，已经超过了中央政府债务余额占GDP的比重。由此而言，与上轮财政的积极点在中央不同，本轮财政的积极点在地方。

政策施力点的巨大差别也使得两次积极财政的政策成本体现明显不同。例如，亚洲金融危机期间，国有企业和商业银行均不同程度出现资产质量恶化，经营困难，为此宏观层先后启动了国企三年脱困[1]和"只能成功，不能失败"的银行股改[2]；而地方政府债务快速积累和金融空转则是本次反危机政策的突出体现，相应宏观层实施了地方政府债务置换、"三去一降一补"、强化穿透管理的金融监管等一系列化解措施[3]。

从施策结果而言，亚洲金融危机期间，中国经济恢复的速度很快，经济增速在 1999 年降至 7.7% 之后，2003 年就重返 10% 以上，并且之后保持了连续 5 年的两位数增长，2007 年增速高达 14.2%。而本轮全球金融危机以来，中国经济增速只是在"一

1　国有企业改革与脱困三年目标是 1997 年党的十五届一中全会上正式提出来的，其含义是从 1998 年起，用 3 年左右的时间，通过改革、改组、改造和加强管理，使大多数国有大中型亏损企业摆脱困境，力争到 20 世纪末大多数国有大中型骨干企业初步建立起现代企业制度。

2　2004 年 8 月 26 日，时任中共中央政治局常委、国务院副总理黄菊在中行调研时指出："国有商业银行的改革成功与否直接关系到中国经济和金融发展的全局，特别是中国加入世界贸易组织后，银行业面临着全面开放金融市场和参与国际竞争的巨大压力，无论是从维护国家金融安全，参与国际竞争，还是支持经济社会发展，促进经济结构调整，都要求加快推进国有商业银行的改革。党中央、国务院始终高度重视国有商业银行的改革和发展，去年年底决定在中国银行和建设银行进行股份制改造试点。这项工作，时间紧，任务重，是一次'背水一战'，是只能成功、不能失败的改革。"

3　2017 年，银监会开展的"三三四十"检查共发现 6 万多项问题，涉及金额 17.65 万亿元。2018 年，银监会发布《关于进一步深化整治银行业市场乱象的通知》（银监发 [2018]4 号），同时印发《进一步深化整治银行业市场乱象的意见》和《2018 年整治银行业市场乱象工作要点》，围绕公司治理不健全、违反宏观调控政策、影子银行和交叉金融产品风险、侵害金融消费者权益、利益输送、违法违规展业、案件与操作风险、行业廉洁风险等 8 个方面开展整治银行业乱象工作。

揽子计划"刺激下，于 2010 年反弹至 10% 以上，经济增速下台阶是基本趋势，2015 年之后增速就已趋势性地降至 7% 以下了。与此同时，中国财政领域连带出了一系列新旧问题，包括税负和税基的关系、积极财政和赤字财政的关系、中央财政和地方财政的关系、财政收入和财政支出的关系等。

随着对这些问题的层层推进，一个经验规律又一次跃然于纸上——"金融吃饭，财政买单"。而该规律在当下的表现，无疑就是：反危机下，中央政府对地方政府金融配置权的下放，使得地方政府积极性空前高涨，后果是近乎失控的地方债务增长，最后中央财政被迫认领了 15 万亿元的地方债务。可以说，本次积极财政最为纠结之处莫过于此，即在降低税负、保障刚性支出和控制债务水平三大目标之间，财政政策始终左右为难。

如何破解这种纠结？即当前积极财政的有效路径究竟是什么？

作为积极财政政策的结果，政府赤字率上升是必然的，但目前中国的实况却是政府实际赤字规模的增长，并未带来经济的强劲回升。由此对于积极财政有效性的反思就成了必然，即积极财政政策的路径并非只有扩大财政支出"华山一条路"，减税也是积极财政的重要路径。2013 年以来，宏观税负[1]持续处于 20% 附近，但税收增速却由 20% 以上降至 10% 以下，反映出与创造税基（通过增加财政支出来促进经济增长）相比，现在更需要通过减税来

1　宏观税负 = 税收收入 ÷ GDP

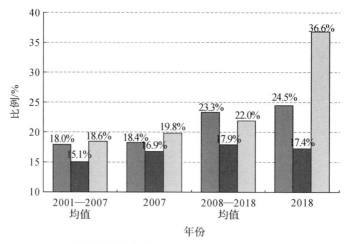

涵养税源。

对于减税问题，我虽已在《中国经济这些年——关乎你财富的八件事》[1]中做了讨论，但当时对中国税负问题的认识过多地停留在财政收入端，这是有缺陷的。然而，若不能从政府支出层面入手去研究中国的税负，那基本上就是"盲人摸象"，很可能还会被"一叶障目"。

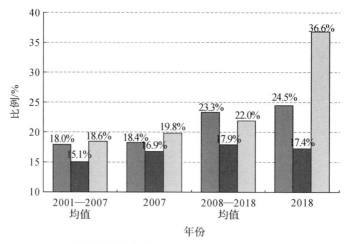

中国财政支出、税收和政府债务变化情况

数据来源：国家统计局、财政部

到本书截稿时，我对税负的认识大致有四条：

---

[1] 在《中国经济这些年——关乎你财富的八件事》中，第四件事讲的就是"中国税事"。

1. 中国的税负肯定是高的，且一定排在全球前列。

2. 但税负高低只是数据结果，如果对应着优质广泛的公共服务，社会居民对高税负是会认可和接受的。

3. 千万别忘了，通胀税（货币超发和政府债务猛增遗留下的财政负担）是个"后世报"，即现在的高税负面临严重的代际转嫁问题。

4. 税负对于征税者的政府而言，只要是"拿人钱财，替人消灾"，就算不错。

财货之争的背后

　　为了实现经济的 L 形筑底，宏观调控在 2016 年曾实施了一轮小刺激，相应 GDP 季度环比折年率[1]由 2016 年第一季度的 5.7%快速回升至 7% 以上，但 2017 年第四季度和 2018 年第一季度 GDP 季度环比折年率再次回落至 6.1%。这表明 2016 年的经济筑底只是一次"假筑底"，由此市场对于宏观逆周期调控的呼声再起。

　　但对于新一轮逆周期调控究竟该由谁担任"先锋"，不同政策部门出现了罕见的分歧，其中尤以 2018 年 7 月人民银行与财政部间的论战最具代表性。7 月 13 日，徐忠刊发文章[2]，指责财政部不作为，认为"积极的财政政策不是真积极"，甚至直言"没有赤字增加的积极财政政策就是耍流氓"；作为回应，7 月 16 日财政部青尺刊发文章[3]指出，"财政和央行要有所为、有所不为，在法治化和市场化的框架下，各司其职，权责匹配，自己不乱作为，也不要求对方乱作为，这才是对人民根本利益负责任的做法"。

　　然而作为旁观者，由于不存在政策部门"守土有责"的本分，所以更能够进行事实判断，而不用受价值判断的噪声影响。为此，

1　季度环比折年率是将季度环比增长率年化，在全年均保持本季度增长幅度的假设前提下，将环比增长率外推到全年而计算的 GDP 增长率。
2　《积极财政政策要真的积极起来》，徐忠，财新网，2018 年 7 月 13 日。
3　《财政政策为谁积极？如何积极？》，青尺，财新网，2018 年 7 月 16 日。

我选取了两个指标，一个是财政部公布的公共财政收支差额（粗略地将之视为赤字），一个是人民银行公布的社会融资规模，分别用以观察积极财政政策力度和社会融资环境的状况。

单就数据显示，2016 年经济暂时筑底之后，2017 年宏观政策继而转为"财政、金融双收紧"状态。

1. 自 2017 年年中开始，12 个月财政赤字滚动增加规模从 3.38 万亿元的峰值持续下降，截至 2018 年 1 月，已降至 2.63 万亿元。短短半年时间，赤字收缩了 7500 亿元。

2. 自 2017 年 10 月开始，12 个月社会融资滚动增加规模从 22.4 万亿元的峰值开始持续下降，截至 2018 年 6 月末，已降至 20.2 万亿元。半年多时间，净减少了 2.2 万亿元。

因此，从上述财政和金融数据变化而言，一个客观事实判断：自 2017 年第四季度开始，宏观政策属于典型的"财政、金融双收紧"，不过这里的"双收紧"不是"双紧缩"，即财政扩张和金融宽松方向还在，但力度大幅转弱。

另外，2018 年以来，债券违约潮、部分金融机构不良跃升等现象，均表明全社会的信用状态出现了明显恶化，其中引起全社会信用状况边际改变的一个重要诱因可能就是"财政、金融双收紧"的宏观政策变化。但全社会信用恶化的核心原因，还是无效债务太多。例如，2016 年，非金融部门债务增量与 GDP 增量的比值为 4.4，换言之，1 个单位的 GDP 增长，需要 4.4 个单位的债务扩张来实现，这里的非金融部门包括政府、家庭和非金融企业。而在本次全球金融危机之前，该比值基本稳定在 1.5 左右，

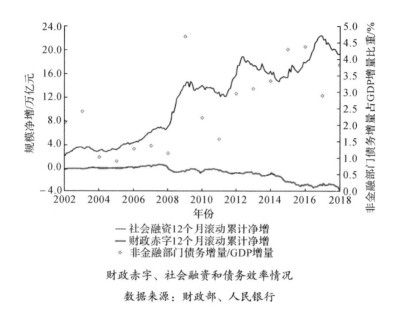

财政赤字、社会融资和债务效率情况

数据来源：财政部、人民银行

可见危机后中国债务扩张带来经济增长的能力，远低于危机前水平。

　　如果观察债务的有效性，本次全球金融危机以来，伴随反危机的经济刺激，全社会债务在 2009 年激增，当年非金融部门债务增量与 GDP 增量的比值曾一度升至 4.7，而中国经济也实现了率先复苏，所以在之后的 2010 年和 2011 年，该比值降至 2 以下。

　　但 2012 年之后，经济逐渐坠入"债务推动型"，虽然自 2015 年年末开始实施"三去一降一补"，但截至 2018 年年末，中国非金融部门债务增量与 GDP 增量的比值仍高至 3.8，即 1 个单位的经济增长，需要近 4 个单位的债务扩张，显然这是不合理和不持续的。所以我们看到在"三去一降一补"工作见成效之后，即便是经济下行压力很大，但"结构性去杠杆"始终是宏观调控的重要内容。相应具体到宏观政策部门，一定会体现为"政策减法"，包括金融监管的持续加强、地方政府举债渠道的规范以及社会融资机制的完善等。

然而，在坚守不发生系统性风险的底线要求下，经济运行仅有"政策减法"是远远不够的，而且"单边减法"还可能导致"政策的飞镖效应"，所以作为对冲，一定要有"加法"，这才是供给侧结构性改革的初衷。

因此，目前宏观政策确实很复杂，既有减法，又有加法，既有总量，又有结构，着实给政策协调增加了不小难度。由此，不同部门围绕不同的政策重点难免有分歧。例如，在存量方面，由于"财政、金融双收紧"的边际改变，自然产生了局部市场出清和防控系统风险间的平衡问题，由此预设的安全垫究竟由谁来负责，是动用财政资金，还是动用央行信用？再例如，在增量方面，为了提高债务的有效性，对于新增信用的扩张效果，究竟由谁来监督，是出资人，还是监管者？诸如此类问题，还有很多。但从宏观初衷而言，"减法"意在遏制坏局面蔓延，"加法"意在尽快形成良性循环，所以在政策取向上不需要耗费太多精力。当务之急是在政策策略上，把"加减混合运算"的结果最优化，而非用"减法"的思路去挑"加法"的刺。

金融吃饭，财政买单

伴随《预算法》修订，自 2015 年地方政府举债就有了法律依据，同年为期 3 年的地方政府债务置换工作也启动，计划 3 年内将 14.7 万亿元的地方政府债务置换为地方政府债券。2017 年之后，财政部在每年提交"两会"审议的政府财政预算报告中，除了明确当年的中央和地方财政的收、支、赤字、债务上限等预算管理目标之外，又新增了《地方政府专项债务余额情况表》和《地方政府专项债务分地区限额表》两份清单。另外，虽然积极财政政策取向尚未调整，但近年来针对以地方政府债务为核心的政府性债务的管理，中国决策层出台了一系列政策和措施。

截至 2018 年年末，包括中央和地方在内的政府债务余额近 33 万亿元，占 GDP 比重为 36%，远低于国际公认的 60% 的红线[1]。但观察政府债务的攀升速度，2008—2018 年政府债务占 GDP 比重是以每年 2 个百分点的速度上升，上升速度是亚洲金融危机期间实施首轮积极财政政策的 2 倍，1998—2002 年政府债务占 GDP 比重由 12% 升至 18%。

1　1992 年 2 月 7 日欧共体 12 国外长和财政部长在荷兰小镇马斯特里赫特正式签订了《欧洲联盟条约》（又称《马斯特里赫特条约》），要求欧元区内各国都必须将财政赤字控制在 GDP 的 3% 以下，且将国债 /GDP 的占比保持在 60% 以下。由此，这两条标准就成为衡量政府债务的国际惯例。

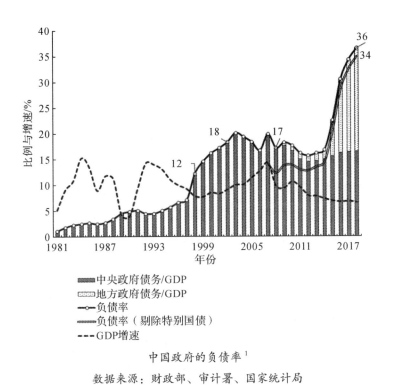

中国政府的负债率[1]

数据来源：财政部、审计署、国家统计局

通过比较可见，本次全球金融危机期间实施的积极财政，明显有别于亚洲金融危机期间的首轮积极财政。

1. 政府负债率的提升速度高于上一轮。即便是剔除特别国债，政府负债率仍由 2008 年的 17% 升至 2018 年年末的 34%，10 年累计提高 17 个百分点，年均增幅接近 2%，是首轮积极财政 1% 增幅的 2 倍。

1　2007 年财政部曾发行 1.55 万亿元特别国债，用于中投公司的资本金。

2. 积极财政的主力军是地方政府。首轮积极财政政策实施期间，主要依靠中央政府的债务增加，而地方政府因《预算法》的限制，财政上并无赤字。本轮积极财政的实施，则完全依靠地方政府债务的增加。截至 2018 年年末，地方政府债务余额已超 18 万亿元，占 GDP 比重 20%，同期中央政府的债务比重基本稳定在 16% ~ 18%。

3. 与影子金融为代表的金融乱象同步，地方政府隐性债务的增长也近乎失控。国际货币基金组织在 2018 年 7 月公布的报告，曾对中国政府广义债务规模进行估算，预计截至 2018 年年末，中国政府广义债务规模高达 72.4 万亿元，以此数据推算，中国政府隐性债务规模约 39.5 万亿元。而就在 2018 年 10 月，标普在其发布的全球评级报告中指出，中国政府隐性债务规模可能高达 30 万亿 ~ 40 万亿元。但如果考虑统计数据的可得性因素，40 万亿元的隐性债务规模可能还是处于被低估的水平。

即便是按照国际货币基金组织广义政府债务口径推算，截至 2018 年年末，中国政府负债率也已在 78%[1] 以上，大幅超出 60% 的国际惯例。实际上按照该口径的政府负债率，2016 年中国广义政府负债率曾接近 84%。

因此，如何看待本轮积极财政，其实是如何看待地方政府债

1　国际货币基金组织估算数据显示，截至 2018 年年末，中国政府广义债务余额为 72.4 万亿元，占当年 92 万亿元 GDP 的 78.76%。同样口径推算，2013-2017 年，中国广义的政府负债率依次为 82%、83%、83%、84% 和 82%。

务的问题，尤其是如何看待地方政府隐性债务的问题。

2008 年危机爆发后，中国出台"一揽子经济"刺激计划，除了 4 万亿投资计划，还将金融资源配置权下放到地方。这一放，很快就导致地方融资平台融资失控，继而是理财、表外、通道和同业等形式的影子银行的快速扩张。由于这种扩张是以地方政府信用来背书的，刚性兑付始终无法按照市场规则被打破，导致潜在风险不断"滚雪球"，堆积成系统性的问题。至此，地方政府的金融行为就转化成了中央政府的财政责任。

2013—2014 年，国家审计署大规模对地方政府债务进行摸底，《预算法》修正提速。2015 年，全国人大对地方政府债务规模进行确认并启动为期 3 年的地方债务置换，这笔账表面上是记在地方政府的头上，但实际还是由中央领走了，即"谁的孩子最终还是由谁抱走"，中央对其下放金融资源配置权形成的债务予以了"事后确认和认领"。

这就是目前 36% 的显性政府债务负债率和 78% 的广义政府负债率的由来。其背后的逻辑不外乎：金融吃饭，财政买单；地方借债，中央还钱。说白了，政府在金融领域的任何举措，最终都只能自己买单。如果这些举措确实提振了经济，那么事后买单还是划算的；反之，以债易债，则可能陷入债务不断扩张的漩涡之中。

草料之争

财政是什么？我以为贾康老师归纳得最为简洁和明了——"以政控财、以财行政"。2014 年 6 月 30 日，中共中央政治局召开会议审议通过了《深化财税体制改革总体方案》，明确"财政是国家治理的基础和重要支柱，财税体制在治国安邦中始终发挥着基础性、制度性、保障性作用。财政制度安排体现并承载着政府与市场、政府与社会、中央与地方等方面的基本关系"。由此，财政由政府行政层面一举跃升至国家治理层面。

从财政的具体内容来看，财政的核心就是四件事——收、支、管、平，即收入、支出、管理和平衡，而贯穿这四件事背后的就是中央和地方的关系。实际上中国财政制度变迁的一条重要线索，就是中央和地方财政关系的调整。

例如，1994 年之前实行的是财政包干制，即中央和地方之间实行财政分税，地方具有较宽的财政收支范围和较大的管理权限，相应地方筹集财政资金的积极性和能力都很高，因而 1994 年之前地方政府的财政收入比重始终高于其支出比重。到 1992 年，地方政府财政收入占全国的比重已经高达 72%（1993 年受分税制基数效应影响，地方政府财政收入占全国比重曾一度高达 78%），而同年全国财政赤字为 259 亿元，其中 191 亿元为中央财政赤字，以至于当时中央财政只能依靠向银行透支来解决中央财政困难，即当时的财政赤字问题是变相通过通货膨胀来解决的[1]。不仅如此，中央财力的不断恶化已经影响到中央政府在宏观调控、国防、军队建设等方面的职能，所以 1994 年分税制改革的目标之一就是"解决中央财政的困难"[2]。

　　1994 年分税制改革有两条核心内容：一是政府财政收入向中

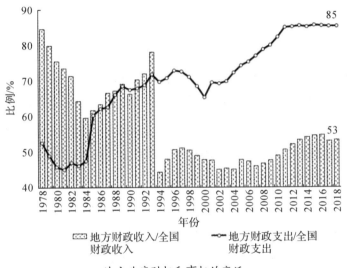

地方政府财权和事权的变迁

数据来源：国家统计局、财政部

1　"中央如果出现财政赤字,应该用发国库券来解决,不能到银行透支。到银行透支就是发钞票，就会引起通货膨胀。所以，我一再明确强调，财政到银行透支就到今年为止，因为今年已经打入预算，从明年开始，绝对不许到银行借款弥补赤字。财政部向银行借的款，现在已经 1000 多亿元了，实际上很难还，今后不能这样搞。"参见"整顿财税秩序，加快财税改革"，《朱镕基讲话实录》(第一卷)，人民出版社，2011 年。
2　参见"分税制将会促进广东的发展"，《朱镕基讲话实录》（第一卷），人民出版社，2011 年。

央集中，例如 1994 年地方政府财政收入比重由上年的 78% 降至 44%，降幅高达 34%；二是原有的地方事权维持现状，例如 1994 年地方政府财政支出比重仅由上年的 72% 微降至 70%。1994 年之后，地方政府财政收入比重就一直大幅低于财政支出比重，1994—2018 年，地方政府财政收入比重平均低于财政支出比重 30% 左右。

　　为什么这样调整中央和地方的关系？用朱镕基总理当年的话讲就是"中央财政在收入中应该占大部分、在支出中占小部分，这样他才有能力去调节地区之间的不平衡，才有能力去调控"[1]。截至 2018 年年末，地方财政收入 9.8 万亿元，占全国比重的 53%，地方财政支出 18.8 万亿元，占全国比重的 85%，相应地方政府的财政收支缺口高达 9 万亿元。

　　2015 年之前，地方政府财政收支缺口的解决途径主要依赖中央对地方的税收返还和转移支付。2014 年 8 月 31 日，第十二届全国人民代表大会常务委员会第十次会议审议通过了《全国人大常委会关于修改〈预算法〉的决定》，明确"经国务院批准的省、自治区、直辖市的预算中必需的建设投资的部分资金，可以在国务院确定的限额内，通过发行地方政府债券举借债务的方式筹措"，之后地方政府就可以通过举债的方式来解决收支缺口的问题，但地方政府财政收支难以自身平衡的局面延续至今。

　　如果说地方政府财权和事权的不匹配是出于对中央实际控制

---

[1]　参见"整顿财税秩序，加快财税改革"，《朱镕基讲话实录》（第一卷），人民出版社，2011 年。

力的维护，那么地方财政支出和收入之间逐渐拉大的差距就是分税制改革的有意为之。但受地方经济增长竞赛、地方财政自主权内生追求等诸多因素影响，地方政府始终存在"有钱才好办事"的冲动。鉴于中央对地方税收返还和转移支付收入要受到预算制度的严格管理，由此包括土地财政、融资平台及债务融资自然就成为地方政府得心应手的"生财之道"。但在中国统一的财政体制下，地方因"找钱"产生的风险和责任，最终只能由中央承担。

因而，中央和地方之间出现了"草料之争"，即中央希望地方这匹马儿不吃草或是少吃草，而地方不免抱怨中央"要让马儿跑得快，又不让马儿吃草"，而且围绕此点，双方处于长期博弈状态。当不期而至的全球金融危机来临，出于反危机、率先复苏的考虑，中央开始默许地方可以自己"找草"吃，结果则是包括显性债务、隐性债务与或有债务在内的地方政府债务近乎失控。为此，对于地方政府债务问题的讨论，就又回到了起点——地方财权和事权的不匹配，即中央和地方政府事权边界的划分。

很显然，如果政府事权边界是清晰的，那么将中央和地方两端的财政"收、支、管、平"四本账算清楚并不复杂，也不难；而若这个边界始终是模糊的，那么伴随经济周期性运行中出现的财政收入大小年，中央和地方有关财权和事权的循环讨论恐怕还将持续下去。

税改不是"分蛋糕"

在前文中曾言，财政基本就是四件事——"收、支、管、平"，即收入、支出、管理和平衡，而贯穿这四件事背后的是中央与地方的关系，实际上中国财政制度变迁一个重要的内容就是中央和地方财政关系的调整。近年来，这种关系调整的最典型例子，就是 2012 年开始试点、2016 年 5 月 1 日开始全面实施的营业税改增值税的税制改革。

具体怎么调？我们先看收入端。在"营改增"之前，营业税一直是地方政府的第一大税种。例如 2015 年营业税收入已近 2 万亿元，占到当年地方政府财政收入的 23%。而将地方独享的营业税改成央地共享的增值税后，势必会对地方财政收入造成影响。2015 年营业税和增值税合计约 5 万亿元，其中地方的两税收入占比为 54%，而到了 2018 年，两税收入合计 6.2 万亿元，但地方占比已降至 50%，较"营改增"之前下降了 4 个百分点。2016 年 5 月 1 日"营改增"全面实施以来，截至 2018 年年末，地方政府财政收入因此累计减少的规模至少超过了 6000 亿元。

接下来看支出端。目前地方财政支出占全国的比重为 85%，即政府事权的大头在地方。上面说到本轮税制改革将削弱地方财力，既然收入减少了，那么地方因事权带来的支出是不是也应该相应做出调整呢？按照 2016 年 4 月 29 日国务院下发的《全面推开营改增试点后调整中央与地方增值税收入划分过渡方案》，

"过渡期暂定 2～3 年",在此期间"中央集中的收入增量通过均衡性转移支付分配给地方,主要用于加大对中西部地区的支持力度"。

按我理解,过渡方案系临时性安排,照理 2020 年之后必然还有涉及中央与地方财政安排(支出与事权)的改革出炉。否则,地方政府钱少事多,迟早还得再跟中央演一出"草料之争"。

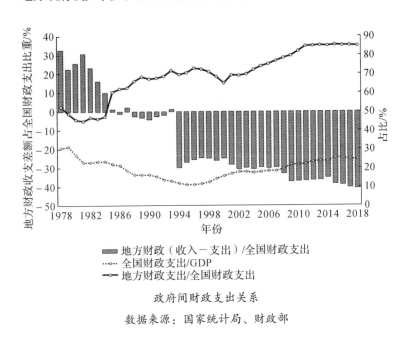

政府间财政支出关系

数据来源:国家统计局、财政部

那么,后续的改革又该如何推进呢?

一是"政府之手"的边界,即如何处理政府与公民、政府与市场的关系。政府"以财行政",其财政支出与 GDP 比值的变化,在理论上与"政府之手"的伸缩是一致的:比值下降,往往意味着"政府之手"的边界在收缩（例如，1978—1996 年，政府财政支出与 GDP 的比值由 31% 降至 11%，平均每年下降 1 个百分点）；相反，比值上升，则意味着"政府之手"伸长了（例如，1997—2015 年，财政支出与 GDP 的比值由 11% 升至 26%，平均每年提升 0.8 个百分点，2015 年之后财政支出占 GDP 比重就稳定在 25%）。

二是"政府之手"由谁来掌控，即中央政府和地方政府的事权划分。1978—1984 年，事权更多地向中央集中，财政支出中地方的占比持续下降，由 53% 降至 47%。此后，情况发生趋势性转变，地方政府支出的比重连年上升，直至目前的 85%，表明至少在财政的支出端，"政府之手"基本由地方来负责。

三是"政府之手"在收入与支出两端的协调，即政府财权与事权的关系。1978—1984 年，地方收入高于支出，地方财政比中央富裕。同一时期，政府支出的大头在中央，中央政府要靠地方财政的支持才能完成任务。1985—1993 年，地方财政基本收支平衡，与此同时，政府事权下移，地方财政支出占比超过 70%。真正的大变化出现在 1994 年分税制之后，概括起来说就是：财权上收——中央财政收入比重提高；事权下移——地方财政支出比重上升；"政府之手"伸长——财政总支出占 GDP 的比重上升。

可见，从分税制到营改增，我国税制改革的主线是一以贯之的，即提高中央财力，强化中央调控。在手法上，主动形成地方收支不平衡的格局，再通过中央对地方的转移支付来提供财力保障，说白了，要形成地方对中央财政的依靠。早在 2013 年，财政部原部长楼继伟就明确说过，"事权和财权相匹配的提法是不准确的"。地方需得"跑部钱进"，中央才好传递调控意图。

如果说 20 余年分税制给了我们什么经验，那就是重要的不仅仅是分蛋糕。事实上，蛋糕一动，矛盾就来了——在 GDP 考核和缺钱的双重压力下，地方必然想着法子"找钱"，再把地方的蛋糕做大，前些年大行其道的土地财政、融资平台就是明证。此外，在中央对地方财政的转移支付过程中，"条块"之间、"条条"之间可能出现寻租；而非政府经济比重下降，则可能带来预算软约束[1]。

总之，改革不是分蛋糕。营改增虽可提高中央财力，却不能确保中央调控的实现。其后续若无补充措施，则可能宏观调控的问题还没解决，新的乱象已经产生。对此，决策者始终应有所警惕。

1　预算软约束是指向企业提供资金的机构（政府或银行）未能坚持原先的商业约定，使企业的资金运用超过了它的当期收益的范围。这种现象被亚诺什·科尔奈（Kornai，1986）称为"预算软约束"。

赤字财政不简单

自本轮积极财政政策实施以来，有关积极财政的力度和效果，就一直被市场热议。例如，在 2015 年 11 月初举办的第六届财新峰会上，财政部原副部长朱光耀提出"3% 的财政赤字率红线、60% 的负债率红线是否可以调整，需要反思"。当时此话一出，就立即被市场机构解读为是决策层后期财政政策可能要扩大赤字规模的提前吹风。

而实际情况确实也是如此。截至 2018 年年末，财政赤字 12 个月累计滚动规模为 3.8 万亿元，较朱光耀吹风时增加了 1.3 万

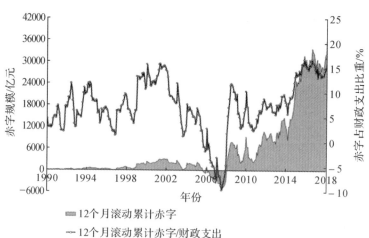

中国赤字情况

数据来源：国家统计局、财政部

亿元，更不用说危机前的 2007 年，财政还是盈余的。2018 年年末，中国财政支出 12 个月累计滚动规模已经超过 22 万亿元（2007 年年末刚接近 5 万亿元），而赤字占比已近 20%。

可见，目前中国赤字财政规模是相当可观的。

那么，扩大赤字规模究竟意味着什么呢?

首先，赤字财政政策，其表现形式均为一定时期的政府支出超出了政府收入，即政府在执行其职能时被迫通过举债来解决资金不足的问题。当然政府收入不能覆盖其支出的状态，可能是因为预算安排不当造成的，也可能是政府有意为之，这种有意为之的赤字财政政策，在教科书上被称为扩张性财政政策。

在中国，扩张性财政政策被称之为"积极财政政策"。原因在于从 1990 年至今，除 2007 年财政出现了 1500 亿元左右的盈余之外，其余年份中国财政均是赤字状态。在亚洲金融危机和本次全球金融危机期间，政府主动扩大赤字规模来拉动经济，为了体现政府的这种主动作为，所以称之为"积极财政政策"。

然而，由于政府天然就长了一双"闲不住的手"，为此对于政府的举债行为，就需要有个约束，即源自《马斯特里赫特条约》"3% 的政府赤字率"和"60% 的政府负债率"的国际惯例，而这两个指标也是国际评级公司在对一个国家进行主权评级时最重要的依据。

按照"赤字 = 政府支出 − 政府收入"的公式，赤字只是政府收支的一个结果，相应赤字财政政策的含义变成了两条：减少收入或者增加支出。当然，这两条路径各有利弊。例如，减少收入，一般意义上就是我们说的减税，但是面临怎么减、给谁减、政府基本职能在收入减少之下如何保证等问题；增加支出，同样也面临支出方向在哪、资金使用效率如何保证等问题。

因此，赤字财政绝非扩大财政支出规模这么简单。

中国的拉弗曲线

2015 年 10 月 23 日在中央党校，李克强总理曾做了一场"关于当前经济形势和重点经济工作"的专题报告，在谈及当时经济运行中的四个困难时，他说："中央财政一般性收入同比下降2.7%，地方财政就更为困难。目前，有 6 个省财政负增长，明年养老金都有问题。由于中央未能统筹全国基本养老金，现时地方财政的很多困难中央也不能一下解决，财政目前处于过紧日子状况。"

实际上，自 2013 年中国的税收增速降至 10% 之后，就基本在 7% 左右徘徊，2015 和 2016 年还曾一度降至 5% 以下，是1994 年分税制以来，税收增长最为乏力的阶段。由于在政府财政收入中，有接近 9 成的收入来自税收，所以税收增长的乏力，直接制约了政府行政功能的发挥，即"巧妇难为无米之炊"。

按照"税收 = 税率 × 税基"的公式，增加税收的途径无非就是两条：提高税率和扩大税基。对此，曾任美国里根总统经济顾问的阿瑟·拉弗有不同看法。据说当年，拉弗在一张餐巾纸上画了条"倒 U 形"曲线（事后被命名为"拉弗曲线"），大致意思是说，当税率在一定的限度以下时，提高税率能增加政府税收收入，但超过这一限度，再提高税率反而导致政府税收收入减少。因为过高的税率将抑制经济的增长，从而削弱税基，税收收入下降；反之，减税可以刺激经济增长，税基也会随之扩大，

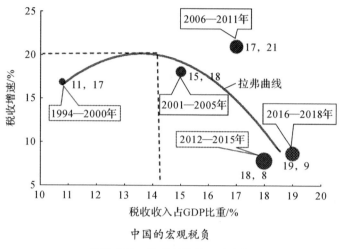

中国的宏观税负

数据来源：国家统计局、财政部

税收收入自然就会增加。但拉弗曲线自提出以来，就一直被学界质疑。

实际上，拉弗曲线讨论的就是宏观税负[1]高低的问题，因为宏观税负的高低代表着政府在经济蛋糕中占有度的高低，宏观税负越高，政府的占有度就越高。当然，所有政府都会说这个占有是"取之于民，用之于民"，而实际情况是否这样，那是另外一个话题。

按照拉弗曲线，1994—2018年，中国税收增长和宏观税负之间的关系大致分为五个阶段。

1.1994—2000年，税收年均增速为17%，宏观税负均值为11%，属于"低税负，低增长"阶段，其间GDP实际平均增速为10%，平均通胀水平为7%。

---

[1]　这里宏观税负为税收收入与GDP的比重。

2.2001—2005 年，税收年均增速为 18%，宏观税负均值为 15%，属于"低税负、高增长"阶段，其间 GDP 实际平均增速为 10%，平均通胀水平为 4%。

3.2006—2011 年，税收年均增速为 21%，宏观税负均值为 17%，属于"高税负、高增长"阶段，其间 GDP 实际平均增速为 11%，平均通胀水平为 6%。

4.2012—2015 年，税收年均增速为 9%，宏观税负均值为 19%，属于"高税负、低增长"阶段，其间 GDP 实际平均增速为 7%，平均通胀水平为 1%。

5.2016—2018 年，税收年均增速为 8%，宏观税负均值为 18%，依然属于"高税负、低增长"阶段，但在减税政策导向下，宏观税负已开始下降。2016—2018 年 GDP 实际平均增速为 7%，平均通胀水平为 3%。

由此可见，拉弗曲线在中国是存在的，2012 年之后，宏观税负的提升，不仅没有带来税收高增长，反而税收增速处于持续下降态势，表明我们的税基出了问题。

1994—2018 年的 25 年间，中国经济不仅经历了完整的经济周期，其间曾出现多轮通胀和通缩，而且还历经了亚洲金融危机和 2008 年全球金融危机。在这 25 年里，中国经济平均增速为 9%，平均通胀水平为 5%，其间税收平均增速为 16%，平均宏观税负为 15%。若用这些平均数值去衡量目前中国的税负，显然税负已经高到损及税基的程度。因此，自 2016 年开始，结构性减税政策在宏观调控中的分量越来越重，且收效也在慢慢显现。

而抛开拉弗曲线的经验之谈，其实，宏观税负的高低并不是根本性问题，如果高的宏观税负，对应着高的福利性改善，就没有问题；但如果高的宏观税负，对应的是福利恶化，那税负就一定会成为问题。

减税要来真的

在中国要谈及减税，就一定要从税种结构入手去观察分析。

目前，我国税收的结构包括流转税、所得税、资源税、财产税、行为税五大类，共 18 个税种。[1] 从税种的收入结构看，我国仍然是以流转税为主体的税制结构特征。分税制改革初期，流转税占税收总收入的比重高达 75%，而就在本次全球金融危机前，流转税收入占比也基本在 70% 以上，之后受税改、经济下行和减税政策等多因素叠加影响，截至 2018 年年末，流转税收入占比降至 60%。与此同时，近年来我国所得税比重也有所提升，截至 2018 年年末，所得税收入占比已升至 32%，较危机前提高了近 5 个百分点，由此物价对于税收收入的直接影响也开始变化。但整体而言，迄今中国税制依然是以流转税为主体的。

流转税为主体的税制结构有一个重要特点，即每当通胀高的时候，税收增速也快，通胀低的时候，税收增速也低。例如，2007 年中国商品零售价格和居民消费价格的涨幅均为 5.9%，GDP 平减指数（更广义的通胀指标）更是高达 8.6%，当年税收的增速超过 31%，为 1994 年分税制改革以来税收增速最高的年份。而 2013 年之后，伴随物价下行压力不断增大（2012 年 3 月至 2016 年 8 月，PPI 连续 54 个月负增长），我国税收增速持续

1　2016 年 5 月 1 日起，全面推行营改增；2018 年 1 月 1 日起，施行环保税。

回落，其间税收增速最低还曾一度降至4%。

因此，如果把税收收入增速和名义GDP增速两条曲线放在一起，2012年后，这两条线就处于重合状态。伴随经济下行和物价回落，在以流转税为主体的税制下，税收增速持续下降，当属情理之中。

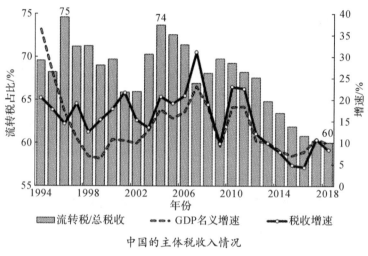

中国的主体税收入情况

数据来源：国家统计局、财政部

因此，在我国现有的税制结构下，税收收入增速下降的主因是经济下行带来的税基增长乏力，而非主动减税所致。而现在微观经济层恰恰缺的就是雪中送炭，所以要减税，那就一定要来真的，即2019年《政府工作报告》中明确的"实施更大规模的减税。普惠性减税与结构性减税并举，重点降低制造业和小微企业税收负担"。

全面减税路线图

自 2015 年以来，结构性减税的措辞开始出现在《政府工作报告》中，直到 2019 年，《政府工作报告》中才首次出现"普惠性减税"的措辞。由此可见，中国尚未实施全面减税的财政政策。

那么，全面减税的路径究竟是什么呢？

观察税务，除了看税种、税制，还有一个三要素法，即观察税基、税率和税收（税收 = 税基 × 税率）。

什么是税基？简单说，就是计税的依据，从宏观层面看就是 GDP，其中三大产业（第一产业的农业、第二产业的工业和第三产业的服务业）的产值对应着各自的税基。国家税务局自 2010 年起提供三大产业的税务数据，目前最新数据更新至 2017 年年末，2010—2017 年三大产业税收情况有如下变化。

1. 税基的变化。2010 年，三大产业产值占 GDP 的比重依次为：9%、47%、44%；2012 年，第三产业产值占比首次超过第二产业；2015 年，第三产业产值占比首次超过 50%；截至 2017 年年末，三大产业产值占比依次为：8%、41%、52%。换言之，第三产业的税基不断扩大，而第二产业则正好相反。

2. 税收结构的变化。2010 年，三大产业的税收占比依次为 0.1%、53%、47%；2015 年，第三产业产值占比首次超过 50%，三大产业的税收占比依次为 0.1%、45%、55%；截至 2017 年年末，三大产业的税收占比依次为 0.1%、44%、56%。可见，税收结构的变化趋势与税基相一致。

3. 税率的变化。2010 年，三大产业的实际税率依次为：0.2%、21%、20%，当年宏观税率为 18.8%；2017 年这四个税率为：0.3%、20%、21% 和 18.9%；其间 2012 年三大产业的实际税率分别升至 0.3%、22%、23%，宏观税负也升至 21%。总体而言，税率曲线上升至高位。

再做进一步比较的话，会发现：

1. 第一产业税负很低。扣除烟叶税之后，基本是零税负。例如，2017 年第一产业产值约 6.2 万亿元，税收总额 178 亿元，其中烟叶税就有 116 亿元。

2. 第二、第三产业的税收占比均超过自身产值占比。从理论上讲，在税收占比和产值占比的二维图中，对角线是相对"公平"的税负状态，即占经济多少，就贡献多少。我国的实际情况是，第二、第三产业的税负曲线都在"公平"对角线之上，而且产值占比越高，偏离越明显。

矛盾显而易见，这些年我国经济不断下行（2010 年还是两位数的经济增速，如今已不足 7%），税率却持续上升。这也是我一直呼吁减税的原因。

怎么减？

经济下行导致税基减少，如果不调整税率，那么税收收入也会减少。在刚性支出和赤字约束的双重压力下，政府为了应对这一局面，往往会提高实际税率，比如加强税收征管和收紧税收优

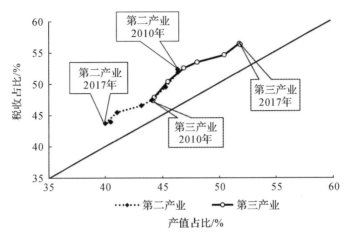

第二产业和第三产业产值与税收占比情况

数据来源：国家税务总局、国家统计局

惠权，这也是我国这几年的实际情况。

鉴于依法征管（导致实际税率提高）系理所应当，那么要实现减税便只有在税基上做文章了。比如 2006 年废止《农业税条例》，就是调整税基、主动减税的经典案例。在取消除烟叶以外的农业特产税、全部免征牧业税之后，我国农民每年减负逾千亿元，人均减负约 120 元。

现如今，在第一产业之后，我们还需要重置第二、第三产业的税基——鼓励什么、抑制什么，亟须明确。不重置税基，减税就真不了，供给侧结构性改革也就真不了。

尾声

对于经济分析工作而言，最主要的分析对象之一就是国家统计局统计公布的有关经济运行的各类数据，然而不同的应用经济学科有各自的侧重。例如，财政分析的侧重就是财税部门统计的财政收支、政府赤字和税收等数据，另一方面财政政策的最终结果也会体现在这些数据上。例如，截至2019年上半年，我国的税收增速仅为0.9%，且已连续6个月低于10%，背后有减税政策的原因（税率的降低），但更有经济下行的原因（税基的减少）。

然而，有别于其他应用经济学科的分析，金融分析除了要和各类统计数据打交道之外，还与另一类数据更密切相关——市场交易数据，其他学科基本只与统计数据打交道。因此，金融分析不仅涵盖宏观、中观上的金融领域运行，更涵盖微观个体的经济行为。例如，统计层面的股指变化，并不能决定个体投资者在资本市场的获益情况，换言之，牛市和熊市只是影响投资者的资产投资交易的配置策略，但不直接决定其收益（或损失）情况。也因此，金融分析首先要做的就是甄别。

最近的一个例子是，当前宏观、中观数据表现出货币金融环境更加中性，更便于微观主体获取外部融资。目前金融机构间往来的隔夜利率已经降至危机初期"一揽子计划"实施期间的水平，广义货币供给增速（M2）也从8%的最低水平摆脱出来，但评级为AA的实体企业 1 年期债券的发行利率为 5% ~ 6% 的水平，而"一揽子计划"实施期间 AA 级实体企业 1 年期债券的发行利率则是在 3% 左右。很明显，宏观、中观的统计数据和微观的交易数据出现了背离。那么一个很自然的问题，哪类数据更接近经济运行的实况呢？

每当两类数据出现不一致时，我更倾向于相信微观市场交易数据，理由如下。

首先，统计数据是报表数据，是人造数据，是对历史的回溯，而且很多也无法做到全样本，更倚重抽样调查，因而统计数据内含了很多人为的主观意思。所谓主观意思主要就是我们对经济运行的理论认知程度。最典型的例子，GDP 能否完全代表经济运行整体情况在理论界一直就存在争议，原因就是伴随服务业的发展，越来越多的经济活动没有被现有 GDP 体系统计进来。还有，CPI 作为重要的物价指标，其变化是否能够准确及时地传递出通胀变化的真实水平？客观地讲，每种统计指标以及数据都有缺陷，因此，统计数据在某种意义上是客观下的主观。

而交易数据虽然零散，但作为微观个体交易行为的结果，它的真实性高，且其本身就是客观世界的一部分。虽然，交易数据也面临诸如理论认知程度等因素的影响，但这些影响不是决定性的，起决定性作用的是交易规则，规则一旦确定下来，其结果就取决于个体的主观判断和运气，而且个体行为与既定交易规则间存在很强的反馈机制。

其次，微观个体的实际经济行为取决于我们的三个眼光——历史的眼光、现实的眼光和发展的眼光，即对历史经验的掌握、现状的了解和变化的判断。我把这三个眼光称为对规律的运用。

一般而言，历史的眼光多和统计数据联系在一起，因为统计指标设立的本身就是经验掌握后对事实的刻画；现实的眼光则多和交易数据相关，而且这个眼光的长短取决于对交易规则的理解；发展的眼光则是对两类数据理解的基础上的延伸，就是对未来变化的判断。但当两类数据出现背离时，如何甄别数据信号的"真伪"，就变得尤为关键，因为数据甄别的错误往往是致命的。这一点不仅对于微观经济主体重要，对于政策掌握者更为重要。

当然，运气的好坏有时候也至关重要，不过"上帝不会总是在掷骰子"，正如美国经济学家熊彼特在《经济分析史》中说的一句话，"我们不仅需要统计数字来解释问题，而且也是为了弄清有什么问题需要解释"。

后 记

何谓欢喜？我想大体分四境：

一

七八个星天外，

两三点雨山前。

二

行到水穷处，

坐看云起时。

三

且将新火试新茶，

诗酒趁年华。

四

花满渚，酒满瓯，

万顷波中得自由。

每每漫无目的、信马由缰地勾画"经济痕迹"时，总能与"欢喜"

不期而遇，也正是这份欢喜心，让"每每"成了"美美"。

　　既然是信手拈来的"美美"，拿出来让人瞧，想来是不错的。

　　这已是自己的第三本小书了，自认为这一回烟火气更淡，也更为清凉。因自始至终，未有丝毫"谋定而后动，知止而有得"的矫情。

　　　　　越来越相信：

　　　　凡美、好、诸喜皆是等来的。

　　　　　越来越明白：

　　　　等待不止是一种态度，更是一种能力。

　　嗫嗫数语，为后记。

　　　　　　　　　　　　　　　　于丁酉年闰六月初五